한권 한달 완성
일본어 말하기 Lv. 1

최유리·시원스쿨어학연구소 지음

S 시원스쿨닷컴

한권 한달 완성
일본어 말하기 Lv. 1

초판 1쇄 발행 2024년 2월 28일

지은이 최유리·시원스쿨어학연구소
펴낸곳 (주)에스제이더블유인터내셔널
펴낸이 양홍걸 이시원

홈페이지 japan.siwonschool.com
주소 서울시 영등포구 영신로 166 시원스쿨
교재 구입 문의 02)2014-8151
고객센터 02)6409-0878

ISBN 979-11-6150-820-7 13730
Number 1-310101-18051899-08

머리말

일본어와의 바람직한 첫만남-한권 한달 완성 일본어 말하기 시리즈

'한권 한달 완성 일본어 말하기 시리즈'는 다년간 사회 각계각층의 수강생을 대상으로 강의를 하며, 현장에서 느낀 학습자의 고충 해결과 시장의 니즈를 담아낸 일본어 입문서입니다. 일본어 강사 입장에서 가장 안타까운 것은 한국어와 닮은 점이 많아 우리에게 친숙한 일본어에 매력을 느끼지 못하고 입문 단계에서 포기해 버리는 학습자들이 많다는 것이었습니다. 이렇듯 상당수의 일본어 학습자들이 일본어 입문서의 마지막 장을 만나지 못하는 것에는 아래와 같은 두 가지의 큰 이유가 있다고 판단했습니다.

히라가나, 몰라도 된다!

먼저, 문자에 대한 부담감입니다. 많은 학습자들은 히라가나, 가타카나, 한자까지 모두 세 가지 문자를 사용하는 일본어가 그 시작부터 숨이 막힐 지경이라고 하소연합니다. 그래서 '한권 한달 완성 일본어 말하기 시리즈'는 일본어 문자와 친해지는 쿠션 시간을 만들었습니다. '히라가나조차 몰라도 일본어 문장을 말할 수 있게 하자', '말하다 보면 자연스럽게 문자와 친해지는 구조를 만들자'라는 것이 첫 번째 목표였고, 이미 수많은 학습자가 이 놀라운 효과를 경험하고 있습니다.

문법보다 말로 배운다!

그 다음, 문법만 공부하는 입문서는 더 이상 일어 학습자들의 니즈를 충족시키지 못하고 있습니다. 문법적으로는 이해하지만, 막상 현장에서 어떻게 문장으로 만들어야 하는지 알려주지 않는 교재가 대부분입니다. 이러한 교재는 의욕을 상실하게 만들고, 결국 포기하게 만들어 버립니다. 이에 대한 해결책으로 최대한 많은 예문을 통해 문법을 자연스럽게 익히게 하는 학습서를 만드는 것이 두 번째 목표였습니다. 그러기 위해서는 대부분의 교재가 따르고 있는 일반적인 커리큘럼으로는 어렵다고 판단하였습니다. 그래서 오랜 시간 연구와 베타테스트를 통해 세상에 없던 완전히 새로운 커리큘럼을 도입하였고, 결과는 대성공이었습니다. 이제 수많은 학습자가 이 책을 통해 딱딱한 문법이 아닌, 다양한 예문을 통해 일본어를 알아가고 있습니다.

이렇듯 '한권 한달 완성 일본어 말하기 시리즈'는 일본어 입문자의 입장에서 생각하고 연구했으며, 이를 통해 더 많은 일본어 입문자가 일본어에 재미를 느끼기를 기대합니다.

지금 손에 들고 계신 '한권 한달 완성 일본어 말하기 시리즈'로 세상에서 가장 쉬운 일본어를 경험해 보세요. 저, 최유리와 시원스쿨 일본어가 함께 응원하겠습니다.

2024년
저자 최유리

목 차

미리보기

오늘 배울 학습 목표와 학습 내용을 제시하고 본문에 등장하는 단어를 미리 살펴볼 수 있도록 정리하였습니다.

살펴보기

본문에서 사용하는 주요 문장 패턴을 예문과 함께 직관적이고 간단 명료하게 제시해 놓았습니다. 또한 패턴을 도식화하여 한눈에 알아보기 쉽게 정리해 놓았습니다.

연습하기

핵심 문장구조를 통해 학습한 문장 패턴을 한국어/일본어 – 한국어 해석 – 일본어 번역의 3단계로 나누어 말하는 연습을 할 수 있도록 구성하였습니다.

응용하기

본문에서 학습한 핵심 패턴에 문장을 꾸며주는 수식어, 접속사, 부사 등을 더한 응용표현을 활용하여 더 풍부한 문장을 연습해 볼 수 있도록 구성하였습니다.

말해보기

본문에서 학습한 주요 패턴이 사용된 회화문으로, 일본여행에서 겪을 수 있는 상황을 짤막한 회화로 구성하였습니다.

오모시로이 니홍고

오모시로이 니홍고에서는 우리말에 남아있는 일본어 표현을 2개씩 알려 줍니다. 또한 일본어에 더욱 흥미를 느낄 수 있도록 재미있는 일본 음식의 이야기도 담았습니다.

실력 업그레이드

지난 강에서 공부한 문장의 기본 구조를 최종적으로 점검하고, 추가로 제공하는 단어를 활용하여 문장에 응용해 볼 수 있도록 5강마다 구성하였습니다.

- 원어민 MP3 음원
- 핵심 스피드 체크 PDF
- 히라가나 쓰기노트 PDF
- 단어 셀프 체크 테스트 PDF

특별 부록

녹음 MP3 파일과 추가 학습 자료 PDF 파일은 시원스쿨 일본어 홈페이지(japan.siwonschool.com)의 학습지원센터>공부 자료실>도서명 검색한 후 무료로 다운로드 가능합니다.

학습 플랜

■ 4주 스피드 플랜

	월	화	수	목	금	토	일
1주차	문자와 발음의 이해 (p.13~18)	PART 01, PART 02 (p.19~34)	PART 03, PART 04, PART 05 (p.35~58)	중간 복습	PART 06, PART 07 (p.63~78)	PART 08 (p.79~86)	휴식 or 복습
2주차	PART 09, PART 10 (p.87~102)	PART 11 (p.107~114)	중간 복습	PART 12 (p.115~122)	PART 13, PART 14 (p.123~138)	PART 15, PART 16 (p.139~158)	휴식 or 복습
3주차	PART 17, PART 18, PART 19 (p.159~182)	중간 복습	PART 20, PART 21 (p.183~202)	PART 22 (p.203~210)	PART 23 (p.211~218)	PART 24 (p.219~226)	휴식 or 복습
4주차	PART 25 (p.227~238)	중간 복습	PART 26, PART 27 (p.239~254)	PART 28 (p.255~262)	PART 29, PART 30 (p.263~278)	총 복습	휴식

▪ 8주 탄탄 플랜

	월	화	수	목	금	토	일
1주차	문자와 발음의 이해 (p.13~16)	문자와 발음의 이해 (p.17~18)	PART 01, PART 02 (p.19~34)	PART 03 (p.35~42)	PART 04, PART 05 (p.43~58)	휴식 or 복습	
2주차	중간 복습	PART 06 (p.63~70)	PART 07 (p.71~78)	PART 08 (p.79~86)	중간 복습	휴식 or 복습	
3주차	PART 09 (p.87~94)	PART 10 (p.95~102)	PART 11 (p.107~114)	중간 복습	PART 12 (p.115~122)	휴식 or 복습	
4주차	PART 13 (p.123~130)	PART 14 (p.131~138)	중간 복습	PART 15 (p.139~146)	PART 16 (p.151~158)	휴식 or 복습	
5주차	중간 복습	PART 17 (p.159~166)	PART 18 (p.167~174)	PART 19 (p.175~182)	중간 복습	휴식 or 복습	
6주차	PART 20 (p.183~190)	PART 21 (p.195~202)	중간 복습	PART 22 (p.203~210)	PART 23 (p.211~218)	휴식 or 복습	
7주차	PART 24 (p.219~226)	PART 25 (p.227~234)	중간 복습	PART 26 (p.239~246)	PART 27 (p.247~254)	휴식 or 복습	
8주차	PART 28 (p.255~262)	중간 복습	PART 29 (p.263~270)	PART 30 (p.271~278)	총 복습	휴식	

학습 후기

14기 한*규 수강생

빠르고 편리한 복습!
철저한 복습 체계로 완벽 점검 가능!

문법과 단어가 쌓여가는 구성!
저절로 단어와 문법이 암기되는 효과!

22기 김*진 수강생

7기 한*훈 수강생

일본어 스피킹의 올바른 접근!
가장 단순한 문형과 단어들을 반복해서 발음을 익히는
쉽지만 효율적인 학습 방법입니다!

매일 꾸준히 따라하기만 해도 실력이 금방 느는 것을
몸으로 느낄 수 있어 배우는 맛이 있어요!

21기 배*희 수강생

18기 이*미 수강생

분명 이제 왕초보 시작인데 일본 영화를 볼 때 슬슬
일본어가 들리기 시작해요! 생각보다 빠른 변화에
일본어 공부가 더 재미있습니다!

따라만 해도 일본어 말문이 트이는 비법! 지금부터 공부해 봅시다!

·히라가나

일본어의 대표적인 문자인 히라가나는 50개의 음으로
이루어져 있으나 현대 일본어에는 46개만 남았습니다.
10개의 행과 5개의 단으로 이루어진 오십음도표를 살펴봅시다.

1. 청음

'청음'은 맑은 소리라는 뜻으로, 오른쪽 위에 탁점(˝)이나 반탁점(°)이 붙지 않은 문자입니다.

청음		모음				
		ㅏ	ㅣ	ㅡ/ㅜ	ㅔ	ㅗ
자음	ㅇ	あ [아]	い [이]	う [우]	え [에]	お [오]
	ㅋ	か [카]	き [키]	く [쿠]	け [케]	こ [코]
	ㅅ	さ [사]	し [시]	す [스]	せ [세]	そ [소]
	ㅌ/ㅊ	た [타]	ち [치]	つ [츠]	て [테]	と [토]
	ㄴ	な [나]	に [니]	ぬ [누]	ね [네]	の [노]
	ㅎ	は [하]	ひ [히]	ふ [후]	へ [헤]	ほ [호]
	ㅁ	ま [마]	み [미]	む [무]	め [메]	も [모]
	·	や [야]		ゆ [유]		よ [요]
	ㄹ	ら [라]	り [리]	る [루]	れ [레]	ろ [로]
	ㅡ	わ [와]				を [오]
		ん [응]				

2. 탁음

'탁음'은 탁한 소리라는 뜻으로, 오른쪽 위에 탁점(˝)이 붙은 문자입니다. 탁음은 が·ざ·だ·ば의
4개 행이 존재합니다.

탁음		모음				
		ㅏ	ㅣ	ㅡ/ㅜ	ㅔ	ㅗ
자음	ㄱ	が [가]	ぎ [기]	ぐ [구]	げ [게]	ご [고]
	ㅈ	ざ [자]	じ [지]	ず [즈]	ぜ [제]	ぞ [조]
	ㄷ/ㅈ	だ [다]	ぢ [지]*	づ [즈]*	で [데]	ど [도]
	ㅂ	ば [바]	び [비]	ぶ [부]	べ [베]	ぼ [보]

*ぢ, づ는 현대 일본어에서 사용하지 않는 문자입니다.

3. 반탁음

'반탁음'은 오른쪽 위에 반탁점(˚)이 붙은 문자입니다. 반탁음은 오로지 ぱ^파행만 존재합니다.

반탁음		모음				
		ㅏ	ㅣ	ㅡ/ㅜ	ㅔ	ㅗ
자음	ㅍ	ぱ[파]	ぴ[피]	ぷ[푸]	ぺ[페]	ぽ[포]

4. 요음

'요음'은 き^키, し^시, ち^치, に^니, ひ^히, み^미, り^리, ぎ^기, じ^지, ぢ^지, び^비, ぴ^피 옆에 작은 や^야, ゆ^유, よ^요를 붙인 문자로, 한 박자로 발음합니다.

요음		모음		
		ㅑ	ㅠ	ㅛ
자음	ㅋ	きゃ[캬]	きゅ[큐]	きょ[쿄]
	ㅅ	しゃ[샤]	しゅ[슈]	しょ[쇼]
	ㅊ	ちゃ[챠]	ちゅ[츄]	ちょ[쵸]
	ㄴ	にゃ[냐]	にゅ[뉴]	にょ[뇨]
	ㅎ	ひゃ[햐]	ひゅ[휴]	ひょ[효]
	ㅁ	みゃ[먀]	みゅ[뮤]	みょ[묘]
	ㄹ	りゃ[랴]	りゅ[류]	りょ[료]
	ㄱ	ぎゃ[갸]	ぎゅ[규]	ぎょ[교]
	ㅈ	じゃ[쟈]	じゅ[쥬]	じょ[죠]
	ㅈ	ぢゃ[쟈]*	ぢゅ[쥬]*	ぢょ[죠]*
	ㅂ	びゃ[뱌]	びゅ[뷰]	びょ[뵤]
	ㅍ	ぴゃ[퍄]	ぴゅ[퓨]	ぴょ[표]

*ぢゃ^쟈, ぢゅ^쥬, ぢょ^죠는 현대 일본어에서 사용하지 않는 문자입니다.

· 가타카나

일본어의 또 다른 대표적인 문자인 가타카나는
주로 외래어나 의성어, 의태어, 또는 강조하고 싶을 때 사용합니다.
가타카나의 오십음도표를 살펴봅시다.

1. 청음

'청음'은 맑은 소리라는 뜻으로, 오른쪽 위에 탁점(ﾞ)이나 반탁점(ﾟ)이 붙지 않은 문자입니다.

청음		모음				
		ㅏ	ㅣ	ㅡ/ㅜ	ㅔ	ㅗ
자음	ㅇ	ア[아]	イ[이]	ウ[우]	エ[에]	オ[오]
	ㅋ	カ[카]	キ[키]	ク[쿠]	ケ[케]	コ[코]
	ㅅ	サ[사]	シ[시]	ス[스]	セ[세]	ソ[소]
	ㅌ/ㅊ	タ[타]	チ[치]	ツ[츠]	テ[테]	ト[토]
	ㄴ	ナ[나]	ニ[니]	ヌ[누]	ネ[네]	ノ[노]
	ㅎ	ハ[하]	ヒ[히]	フ[후]	ヘ[헤]	ホ[호]
	ㅁ	マ[마]	ミ[미]	ム[무]	メ[메]	モ[모]
	·	ヤ[야]		ユ[유]		ヨ[요]
	ㄹ	ラ[라]	リ[리]	ル[루]	レ[레]	ロ[로]
	ㅡ	ワ[와]				ヲ[오]
		ン[응]				

2. 탁음

'탁음'은 탁한 소리라는 뜻으로, 오른쪽 위에 탁점(ﾞ)이 붙은 문자입니다. 탁음은 ガ·ザ·ダ·バ의
4개 행이 존재합니다.

탁음		모음				
		ㅏ	ㅣ	ㅡ/ㅜ	ㅔ	ㅗ
자음	ㄱ	ガ[가]	ギ[기]	グ[구]	ゲ[게]	ゴ[고]
	ㅈ	ザ[자]	ジ[지]	ズ[즈]	ゼ[제]	ゾ[조]
	ㄷ/ㅈ	ダ[다]	ヂ[지]*	ヅ[즈]*	デ[데]	ド[도]
	ㅂ	バ[바]	ビ[비]	ブ[부]	ベ[베]	ボ[보]

*ヂ, ヅ는 현대 일본어에서 사용하지 않는 문자입니다.

3. 반탁음

'반탁음'은 오른쪽 위에 반탁점(˚)이 붙은 문자입니다. 반탁음은 오로지 パ^파행만 존재합니다.

반탁음		모음				
		ㅏ	ㅣ	ㅡ/ㅜ	ㅔ	ㅗ
자음	ㅍ	パ[파]	ピ[피]	プ[푸]	ペ[페]	ポ[포]

▪ 문장 부호

1. 구점(마침표)

일본어는 마침표 ' . ' 대신에 '。'을 사용합니다. 이것은 구점이라고 하며 '^{마 루}まる'라고 부르기도 합니다. 문장이 끝날 때 하단에 작게 동그라미를 그립니다. 일본어는 의문문에서도 문장 끝에 물음표 '?' 대신 이 '。'을 사용합니다.

* 이 책에서는 이해를 돕기 위해 물음표 '?'를 사용하고 있습니다.

예 はじめまして。^{하 지 메 마 시 테} (처음 뵙겠습니다.)

2. 독점(쉼표)

일본어는 쉼표 ' , ' 대신에 '、'을 사용합니다. 이것은 독점이라고 하며 '^텡てん'이라고 부르기도 합니다. 문장 가운데에서 말을 나열하거나 구분 지어줄 때 하단에 작게 찍습니다.

예 じゃ、また。^{자 마 타} (그럼, 또 보자.)

일본어에는 마치 우리말의 받침과 비슷한 특수한 발음이 있습니다.
앞이나 뒤에 어떤 글자가 오냐에 따라 발음이 변화합니다.
어떻게 발음하는지 살펴봅시다.

■ **특수한 발음**

1. 촉음

'촉음'은 다른 글자의 옆에 작은 '^츠っ'를 붙여 받침처럼 소리가 나는데 한 박자로 충분히 발음합니다.
다만 뒤에 오는 글자에 따라 소리가 달라집니다.

① か^카행 앞에서는 [ㄱ]으로 발음합니다.
   예 にっき (일기)

② さ^사행 앞에서는 [ㅅ]으로 발음합니다.
   예 いっさい (한 살)

③ た^타행 앞에서는 [ㄷ]으로 발음합니다.
   예 みっつ (세 개)

④ ぱ^파행 앞에서는 [ㅂ]으로 발음합니다.
   예 きっぷ (표)

2. 발음

'발음'은 다른 글자의 옆에 'ん^응'을 붙여 받침처럼 소리가 나는데 한 박자로 충분히 발음합니다.
다만 뒤에 오는 글자에 따라 소리가 달라집니다.

① さ,ざ,た,だ,な,ら행 앞에서는 [ㄴ]으로 발음합니다.
   예 せんたく (선택)

② ま,ば,ぱ행 앞에서는 [ㅁ]으로 발음합니다.
   예 さんぽ (산책)

③ か,が행 앞에서는 [ㅇ]으로 발음합니다.
   예 まんが (만화)

④ あ,は,や,わ행 앞이나 말 끝에서는 [ㄴ] 또는 [ㅇ]으로 발음합니다.
   예 れんあい (연애)

3. 장음

'장음'은 'あ단 뒤에 あ', 'い단 뒤에 い', 'う단 뒤에 う', 'え단 뒤에 え나 い', 'お단 뒤에 お나 う'가 붙어 앞 글자를 길게 끌어 발음합니다.

① あ단 뒤에 あ가 오면 [아-]로 길게 발음합니다.

　　예　おかあさん (어머니)

② い단 뒤에 い가 오면 [이-]로 길게 발음합니다.

　　예　おにいさん (형, 오빠)

③ う단 뒤에 う가 오면 [우-]로 길게 발음합니다.

　　예　りゅう (이유)

④ え단 뒤에 え나 い가 오면 [에-]로 길게 발음합니다.

　　예　おねえさん (누나, 언니)
　　　　れいぞうこ (냉장고)

⑤ お단 뒤에 お나 う가 오면 [오-]로 길게 발음합니다.

　　예　こおり (얼음)
　　　　ほうほう (방법)

* 예외: 가타카나의 경우 'ー'가 장음을 나타냅니다.

❖주의

장음의 유무에 따라 뜻이 달라지는 단어가 있습니다.

おばあさん (할머니)　　　　　　　おばさん (아주머니, 숙모)

おじいさん (할아버지)　　　　　　おじさん (아저씨, 삼촌)

いっしょう (평생)　　　　　　　　いっしょ (함께)

こうこう (고등학교)　　　　　　　ここ (여기)

ビール (맥주)　　　　　　　　　　ビル (빌딩)

せんしゅう (지난주)　　　　　　　せんしゅ (선수)

PART 01

스 시 데 스
すしです

초밥입니다

💡 **학습 목표**

'명사입니다'라는 명사의 현재 긍정문, '명사이었습니다'라는 명사의 과거 긍정문을 말할 수 있다.

💡 **학습 포인트**

☑ 명사 + 입니다 = 명사 + です (데 스)

☑ 명사 + 이었습니다 = 명사 + でした (데 시 타)

💡 **미리보기** 🎧 MP3 01-01

스 시
すし(寿司) 초밥 | 각 세 - 이
がくせい(学生) 학생 | 캉 코 쿠 징
かんこくじん(韓国人) 한국인 | 캉 코 -
かんこう(観光) 관광

텐 동
てんどん(天丼) 튀김덮밥 | 카 이 샤 잉
かいしゃいん(会社員) 회사원 | 슈 후
しゅふ(主婦) 주부 | 코 레
これ 이것 | 소 레
それ 그것 | 아 레
あれ 저것

01 명사의 현재 긍정

명사 + 입니다 = 명사 + です^{데 스}

> 명사에 '~입니다'라는 뜻의 일본어 'です^{데 스}'를 연결하면 명사의 현재 긍정문이 됩니다. 또한 'です^{데 스}'
> 뒤에 'か^카'를 붙이면 '~입니까?'라는 의문문이 됩니다.

초밥입니다. = すしです。
스 시 데 스

학생입니다. = がくせいです。
각 세 - 데 스

한국인입니까? = かんこくじんですか？
캉 코 쿠 진 데 스 카

명사 + 이었습니다 = 명사 + でした^{데 시 타}

명사에 '~이었습니다'라는 뜻의 일본어 'でした^{데 시 타}'를 연결하면 명사의 과거 긍정문이 됩니다. 마찬가지로 'でした^{데 시 타}' 뒤에 'か^카'를 붙이면 '~이었습니까?'라는 의문문이 됩니다.

초밥이었습니다. = すしでした。^{스 시 데 시 타}

학생이었습니다. = がくせいでした。^{각 세 - 데 시 타}

한국인이었습니까? = かんこくじんでしたか？^{캉 코쿠 진 데 시 타 카}

문장 구조를 반복해서 연습해 보자.

❶ 초밥입니다.

<ruby>すし<rt>스 시 데 스</rt></ruby>です。

❷ 학생입니다.

<ruby>がくせい<rt>각 세 - 데 스</rt></ruby>です。

❸ 관광입니다.

<ruby>かんこう<rt>캉 코 - 데 스</rt></ruby>です。

❹ 한국인입니다.

<ruby>かんこくじん<rt>캉 코 쿠 진 데 스</rt></ruby>です。

❺ 튀김덮밥입니까?

<ruby>てんどん<rt>텐 돈 데 스 카</rt></ruby>ですか?

❻ 초밥이었습니다.

<ruby>すし<rt>스 시 데 시 타</rt></ruby>でした。

❼ 학생이었습니다.

<ruby>がくせい<rt>각 세 - 데 시 타</rt></ruby>でした。

❽ 회사원이었습니다.

<ruby>かいしゃいん<rt>카 이 샤 인 데 시 타</rt></ruby>でした。

❾ 주부였습니다.

<ruby>しゅふ<rt>슈 후 데 시 타</rt></ruby>でした。

❿ 튀김덮밥이었습니까?

<ruby>てんどん<rt>텐 돈 데 시 타 카</rt></ruby>でしたか?

문장 구조를 1초 만에 해석해 보자.

① <ruby>すし<rt>스시</rt></ruby><ruby>です<rt>데스</rt></ruby>。
　.....................................

② <ruby>がくせい<rt>각세-</rt></ruby><ruby>です<rt>데스</rt></ruby>。
　.....................................

③ <ruby>かんこう<rt>캉코-</rt></ruby><ruby>です<rt>데스</rt></ruby>。
　.....................................

④ <ruby>かんこくじん<rt>캉코쿠진</rt></ruby><ruby>です<rt>데스</rt></ruby>。
　.....................................

⑤ <ruby>てんどん<rt>텐돈</rt></ruby><ruby>ですか<rt>데스카</rt></ruby>?
　.....................................

⑥ <ruby>すし<rt>스시</rt></ruby><ruby>でした<rt>데시타</rt></ruby>。
　.....................................

⑦ <ruby>がくせい<rt>각세-</rt></ruby><ruby>でした<rt>데시타</rt></ruby>。
　.....................................

⑧ <ruby>かいしゃいん<rt>카이샤인</rt></ruby><ruby>でした<rt>데시타</rt></ruby>。
　.....................................

⑨ <ruby>しゅふ<rt>슈후</rt></ruby><ruby>でした<rt>데시타</rt></ruby>。
　.....................................

⑩ <ruby>てんどん<rt>텐돈</rt></ruby><ruby>でしたか<rt>데시타카</rt></ruby>?
　.....................................

문장 구조를 1초 만에 일본어로 말해 보자.

① 초밥입니다.
　.....................................

② 학생입니다.
　.....................................

③ 관광입니다.
　.....................................

④ 한국인입니다.
　.....................................

⑤ 튀김덮밥입니까?
　.....................................

⑥ 초밥이었습니다.
　.....................................

⑦ 학생이었습니다.
　.....................................

⑧ 회사원이었습니다.
　.....................................

⑨ 주부였습니다.
　.....................................

⑩ 튀김덮밥이었습니까?
　.....................................

응용표현

이것/그것/저것 + 입니다/이었습니다
코 레 소 레 아 레   데 스 데시타
= これ/それ/あれ + です/でした

* 사물을 가리키는 지시대명사는 'これ(이것)', 'それ(그것)', 'あれ(저것)'라고 합니다.

문장을 확장해 보자.

❶ 이것, 초밥입니다.

코 레   스 시 데 스
これ、すしです。

❷ 그것, 튀김덮밥입니다.

소 레   텐   돈 데 스
それ、てんどんです。

❸ 저것, 초밥입니다.

아 레   스 시 데 스
あれ、すしです。

❹ 이것, 튀김덮밥입니까?

코 레   텐   돈   데 스 카
これ、てんどんですか？

❺ 이것, 초밥이었습니다.

코 레   스 시 데 시 타
これ、すしでした。

❻ 그것, 튀김덮밥이었습니다.

소 레   텐   돈   데 시 타
それ、てんどんでした。

❼ 저것, 초밥이었습니다.

아 레   스 시 데 시 타
あれ、すしでした。

❽ 그것, 튀김덮밥이었습니까?

소 레   텐   돈   데 시 타 카
それ、てんどんでしたか？

문장 구조를 1초 만에 해석해 보자.

❶ 코 레 스 시 데 스
これ、すしです。

❷ 소 레 텐 돈 데 스
それ、てんどんです。

❸ 아 레 스 시 데 스
あれ、すしです。

❹ 코 레 텐 돈 데 스 카
これ、てんどんですか?

❺ 코 레 스 시 데 시 타
これ、すしでした。

❻ 소 레 텐 돈 데 시 타
それ、てんどんでした。

❼ 아 레 스 시 데 시 타
あれ、すしでした。

❽ 소 레 텐 돈 데 시 타 카
それ、てんどんでしたか?

문장 구조를 1초 만에 일본어로 말해 보자.

❶ 이것, 초밥입니다.

❷ 그것, 튀김덮밥입니다.

❸ 저것, 초밥입니다.

❹ 이것, 튀김덮밥입니까?

❺ 이것, 초밥이었습니다.

❻ 그것, 튀김덮밥이었습니다.

❼ 저것, 초밥이었습니다.

❽ 그것, 튀김덮밥이었습니까?

공항의 출입국 심사대에서 질문을 받고 있다. 🎧 MP3 01-02

공항직원 かんこくじんですか？
캉 코 쿠 진 데 스 카

한국인입니까?

나 はい、かんこくじんです。
하 이　캉 코 쿠 진 데 스

네, 한국인입니다.

공항직원 ビジネスですか？
비 지 네 스 데 스 카

사업차입니까?

나 いいえ、かんこうです。
이 - 에　캉 코 - 데 스

아니요, 관광입니다.

플러스 단어

はい 네 | **ビジネス** 사업 | **いいえ** 아니요
하 이　　　비 지 네 스　　　　이 - 에

오모시로이 니홍고

1) 노가다: 막일, 막노동
일본어로 '육체 노동'이나 '막노동하는 사람'이란 뜻의 どかた(土方)에서 유래된 말입니다.
도 카 타

2) 몸뻬: 통이 넓은 고무줄 바지
일본어로 '밭일할 때 입는 여성용 작업 바지'란 뜻의 もんぺ에서 유래된 말입니다.
몸 페

PART 02

바 스 쟈 아 리 마 셍

バスじゃ ありません

버스가 아닙니다

💡 학습 목표

'명사이(가) 아닙니다'라는 명사의 현재 부정문, '명사이(가) 아니었습니다'라는 명사의 과거 부정문
을 말할 수 있다.

💡 학습 포인트

☑ 명사 + 이(가) 아닙니다 = 명사 + **じゃ ありません**
　　　　　　　　　　　　　　　　　　쟈 아 리 마 셍

☑ 명사 + 이(가) 아니었습니다 = 명사 + **じゃ ありませんでした**
　　　　　　　　　　　　　　　　　　　쟈 아 리 마 셴 데 시 타

💡 미리보기 🎧 MP3 02-01

바스　　　　　 탁 시 -　　　 파스포-토　　　 니 혼 징
バス 버스 | **タクシー** 택시 | **パスポート** 여권 | **にほんじん(日本人)** 일본인

쿠 루 마　　　　　 댄 샤　　　　　 코레　　　　 소레　　　　 아 레
くるま(車) 자동차 | **でんしゃ(電車)** 전철 | **これ** 이것 | **それ** 그것 | **あれ** 저것

01 | 명사의 현재 부정

명사 + 이(가) 아닙니다 = 명사 + ^{자 아리마 셍}じゃ ありません

✈ 명사에 '~이(가) 아닙니다'라는 뜻의 일본어 '^{자 아리마 셍}じゃ ありません'을 연결하면 명사의 현재 부정문이 됩니다. 또한 '^{자 아리마 셍}じゃ ありません' 뒤에 '^카か'를 붙이면 '~이(가) 아닙니까?'라는 의문문이 됩니다.

버스가아닙니다. = ^{바 스 자 아 리 마 셍}バスじゃ ありません。

택시가아닙니다. = ^{탁 시 - 자 아 리 마 셍}タクシーじゃ ありません。

여권이 아닙니까? = ^{파 스 포 - 토 자 아 리 마 셍 카}パスポートじゃ ありませんか?

명사 + 이(가) 아니었습니다 = 명사 + じゃ ありませんでした
자 아리마 센 데시타

명사에 '~이(가) 아니었습니다'라는 뜻의 일본어 'じゃ ありませんでした'를 연결하면 명사의
자 아리마 센 데시타
과거 부정문이 됩니다. 마찬가지로 'じゃ ありませんでした' 뒤에 'か'를 붙이면 '~이(가) 아니었
자 아리마 센 데시타 카
습니까?'라는 의문문이 됩니다.

버스가아니었습니다. = バスじゃ ありませんでした。
바 스 자 아리마 센 데시타

택시가아니었습니다. = タクシーじゃ ありませんでした。
닥 시 - 자 아리마 센 데시타

여권이아니었습니까? = パスポートじゃ ありませんでしたか?
파 스 포 - 토 자 아리마 센 데시타 카

문장 구조를 반복해서 연습해 보자.

❶ 버스가 아닙니다.
바 스 쟈 아 리 마 셍
バスじゃ ありません。

❷ 택시가 아닙니다.
탁 시 - 쟈 아 리 마 셍
タクシーじゃ ありません。

❸ 일본인이 아닙니다.
니 혼 진 쟈 아 리 마 셍
にほんじんじゃ ありません。

❹ 여권이 아닙니다.
파 스 포 - 토 쟈 아 리 마 셍
パスポートじゃ ありません。

❺ 자동차가 아닙니까?
쿠 루 마 쟈 아 리 마 셍 카
くるまじゃ ありませんか?

❻ 버스가 아니었습니다.
바 스 쟈 아 리 마 셍 데 시 타
バスじゃ ありませんでした。

❼ 택시가 아니었습니다.
탁 시 - 쟈 아 리 마 셍 데 시 타
タクシーじゃ ありませんでした。

❽ 일본인이 아니었습니다.
니 혼 진 쟈 아 리 마 셍 데 시 타
にほんじんじゃ ありませんでした。

❾ 여권이 아니었습니다.
파 스 포 - 토 쟈 아 리 마 셍 데 시 타
パスポートじゃ ありませんでした。

❿ 전철이 아니었습니까?
덴 샤 쟈 아 리 마 셍 데 시 타 카
でんしゃじゃ ありませんでしたか?

문장 구조를 1초 만에 해석해 보자.

❶ バスじゃ ありません。
바 스 쟈 아 리 마 셍

❻ バスじゃ ありませんでした。
바 스 쟈 아 리 마 셍 데 시 타

❷ タクシーじゃ ありません。
탁 시 - 쟈 아 리 마 셍

❼ タクシーじゃ ありませんでした。
탁 시 - 쟈 아 리 마 셍 데 시 타

❸ にほんじんじゃ ありません。
니 혼 진 쟈 아 리 마 셍

❽ にほんじんじゃ ありませんでした。
니 혼 진 쟈 아 리 마 셍 데 시 타

❹ パスポートじゃ ありません。
파 스 포 - 토 쟈 아 리 마 셍

❾ パスポートじゃ ありませんでした。
파 스 포 - 토 쟈 아 리 마 셍 데 시 타

❺ くるまじゃ ありませんか?
쿠 루 마 쟈 아 리 마 셍 카

❿ でんしゃじゃ ありませんでしたか?
덴 샤 쟈 아 리 마 셍 데 시 타 카

문장 구조를 1초 만에 일본어로 말해 보자.

❶ 버스가 아닙니다.

❻ 버스가 아니었습니다.

❷ 택시가 아닙니다.

❼ 택시가 아니었습니다.

❸ 일본인이 아닙니다.

❽ 일본인이 아니었습니다.

❹ 여권이 아닙니다.

❾ 여권이 아니었습니다.

❺ 자동차가 아닙니까?

❿ 전철이 아니었습니까?

응용표현

이것/그것/저것 + 이(가) 아닙니다/아니었습니다

코 레 소 레 아 레   쟈 아 리 마 셍   아 리 마 센 데 시 타
= これ/それ/あれ + じゃ ありません/ありませんでした

* 사물을 가리키는 지시대명사는 '^{코레}これ(이것)', '^{소레}それ(그것)', '^{아레}あれ(저것)'라고 합니다.

문장을 확장해 보자.

❶ 이것, 버스가 아닙니다.

코 레 바 스 쟈 아 리 마 셍
これ、バスじゃ ありません。

❷ 그것, 택시가 아닙니다.

소 레 탁 시 - 쟈 아 리 마 셍
それ、タクシーじゃ ありません。

❸ 저것, 여권이 아닙니다.

아 레 파 스 포 - 토 쟈 아 리 마 셍
あれ、パスポートじゃ ありません。

❹ 이것, 자동차가 아닙니까?

코 레 쿠 루 마 쟈 아 리 마 셍 카
これ、くるまじゃ ありませんか?

❺ 이것, 버스가 아니었습니다.

코 레 바 스 쟈 아 리 마 셴 데 시 타
これ、バスじゃ ありませんでした。

❻ 그것, 택시가 아니었습니다.

소 레 탁 시 - 쟈 아 리 마 셴 데 시 타
それ、タクシーじゃ ありませんでした。

❼ 저것, 여권이 아니었습니다.

아 레 파 스 포 - 토 쟈 아 리 마 셴 데 시 타
あれ、パスポートじゃ ありませんでした。

❽ 그것, 전철이 아니었습니까?

소 레 덴 샤 쟈 아 리 마 셴 데 시 타 카
それ、でんしゃじゃ ありませんでしたか?

문장 구조를 1초 만에 해석해 보자.

❶ <ruby>これ<rt>코 레</rt></ruby>、<ruby>バス<rt>바 스</rt></ruby><ruby>じゃ<rt>자</rt></ruby> <ruby>ありません<rt>아 리 마 셍</rt></ruby>。

❺ <ruby>これ<rt>코 레</rt></ruby>、<ruby>バス<rt>바 스</rt></ruby><ruby>じゃ<rt>자</rt></ruby> <ruby>ありません<rt>아 리 마 센</rt></ruby><ruby>でした<rt>데 시 타</rt></ruby>。

❷ <ruby>それ<rt>소 레</rt></ruby>、<ruby>タクシー<rt>탁 시 -</rt></ruby><ruby>じゃ<rt>자</rt></ruby> <ruby>ありません<rt>아 리 마 셍</rt></ruby>。

❻ <ruby>それ<rt>소 레</rt></ruby>、<ruby>タクシー<rt>탁 시 -</rt></ruby><ruby>じゃ<rt>자</rt></ruby> <ruby>ありません<rt>아 리 마 센</rt></ruby><ruby>でした<rt>데 시 타</rt></ruby>。

❸ <ruby>あれ<rt>아 레</rt></ruby>、<ruby>パスポート<rt>파 스 포 - 토</rt></ruby><ruby>じゃ<rt>자</rt></ruby> <ruby>ありません<rt>아 리 마 셍</rt></ruby>。

❼ <ruby>あれ<rt>아 레</rt></ruby>、<ruby>パスポート<rt>파 스 포 - 토</rt></ruby><ruby>じゃ<rt>자</rt></ruby> <ruby>ありません<rt>아 리 마 센</rt></ruby><ruby>でした<rt>데 시 타</rt></ruby>。

❹ <ruby>これ<rt>코 레</rt></ruby>、<ruby>くるま<rt>쿠 루 마</rt></ruby><ruby>じゃ<rt>자</rt></ruby> <ruby>ありません<rt>아 리 마 셍</rt></ruby><ruby>か<rt>카</rt></ruby>?

❽ <ruby>それ<rt>소 레</rt></ruby>、<ruby>でんしゃ<rt>덴 샤</rt></ruby><ruby>じゃ<rt>자</rt></ruby> <ruby>ありません<rt>아 리 마 센</rt></ruby><ruby>でした<rt>데 시 타</rt></ruby><ruby>か<rt>카</rt></ruby>?

문장 구조를 1초 만에 일본어로 말해 보자.

❶ 이것, 버스가 아닙니다.

❺ 이것, 버스가 아니었습니다.

❷ 그것, 택시가 아닙니다.

❻ 그것, 택시가 아니었습니다.

❸ 저것, 여권이 아닙니다.

❼ 저것, 여권이 아니었습니다.

❹ 이것, 자동차가 아닙니까?

❽ 그것, 전철이 아니었습니까?

공항의 출입국 심사대에서 계속해서 질문을 받고 있다. 🎧 MP3 02-02

공항직원 にほんじんですか？
_{니 혼 진 데 스 카}

일본인입니까?

나 いいえ、にほんじんじゃ ありません。
_{이-에 니 혼 진 쟈 아 리 마 셍}

아니요, 일본인이 아닙니다.

공항직원 かんこくじんですか？
_{캉 코 쿠 진 데 스 카}

한국인입니까?

나 はい、かんこくじんです。
_{하 이 캉 코 쿠 진 데 스}

네, 한국인입니다.

플러스 단어

かんこくじん(韓国人) 한국인
_{캉 코 쿠 징}

오모시로이 니홍고

1) 시마이: 끝, 마침
일본어로 '끝, 마지막'이란 뜻의 しまい(仕舞い)에서 유래된 말입니다.
_{시 마 이}

2) 땡땡이 무늬: 점박이, 물방울 무늬
일본어로 '점'이란 뜻의 てん(点)을 발음하는 데서 유래된 말입니다.
_텡

PART 03

코 레 오 쿠 다 사 이
これを ください

이것을 주세요

🔖 학습 목표

'명사을(를) 주세요'라는 요구 표현을 말할 수 있다.

🔖 학습 포인트

☑ 명사 + 을(를) = 명사 + **を**
　　　　　　　　　　　　　오

☑ 명사 + 주세요 = 명사 + **ください**
　　　　　　　　　　쿠 다 사 이

☑ 명사 + 을(를) + 주세요 = 명사 + **を** + **ください**
　　　　　　　　　　　　　　　오　　쿠 다 사 이

🔖 미리보기 MP3 03-01

코 레　　　　치 켓 토　　　쥬 ― 스　　　히 토 츠
これ 이것 | **チケット** 티켓 | **ジュース** 주스 | **ひとつ** 한 개

후 타 츠　　　 밋 츠　　　　팡　　소 레　　　아 레
ふたつ 두 개 | **みっつ** 세 개 | **パン** 빵 | **それ** 그것 | **あれ** 저것

01 | 목적격조사 を

명사 + 을(를) = 명사 + を

✈ 조사 'を'는 '~을(를)'이라는 뜻의 목적격조사입니다.

티켓을 = チケットを
치 켄 토 오

주스를 = ジュースを
쥬 - 스 오

02 | 요구 표현

명사 + 주세요 = 명사 + ください
쿠 다 사 이

✈ 'ください'는 '~주세요'라는 뜻입니다. 명사 뒤에 'ください'를 연결하여 '명사 주세요'라고 요구할
쿠 다 사 이   쿠 다 사 이
수 있습니다.

티켓 주세요. = チケット ください。
치 켄 토 쿠 다 사 이

한개 주세요. = ひとつ ください。
히 토 츠 쿠 다 사 이

03 조사 を를 사용한 요구 표현

명사 + 을(를) + 주세요 = 명사 + を + ください

명사와 'ください'사이에 조사 'を'를 넣어 '명사을(를) 주세요'라는 표현을 만들 수 있습니다.

티켓을 주세요. = チケットを ください。

주스를 주세요. = ジュースを ください。

문장 구조를 반복해서 연습해 보자.

❶ 티켓 주세요.

치켓토쿠다사이
チケット ください。

❷ 한 개 주세요.

히토츠쿠다사이
ひとつ ください。

❸ 두 개 주세요.

후타츠쿠다사이
ふたつ ください。

❹ 세 개 주세요.

밋츠쿠다사이
みっつ ください。

❺ 주스 주세요.

쥬ー스쿠다사이
ジュース ください。

❻ 빵 주세요.

팡쿠다사이
パン ください。

❼ 티켓을 주세요.

치켓토오쿠다사이
チケットを ください。

❽ 이것을 주세요.

코레오쿠다사이
これを ください。

❾ 주스를 주세요.

쥬ー스오쿠다사이
ジュースを ください。

❿ 빵을 주세요.

팡오쿠다사이
パンを ください。

문장 구조를 1초 만에 해석해 보자.

❶ 치 켙 토 쿠 다 사 이
　チケット ください。

❷ 히 토 츠 쿠 다 사 이
　ひとつ ください。

❸ 후 타 츠 쿠 다 사 이
　ふたつ ください。

❹ 믿 츠 쿠 다 사 이
　みっつ ください。

❺ 쥬 - 스 쿠 다 사 이
　ジュース ください。

❻ 팡 쿠 다 사 이
　パン ください。

❼ 치 켙 토 오 쿠 다 사 이
　チケットを ください。

❽ 코 레 오 쿠 다 사 이
　これを ください。

❾ 쥬 - 스 오 쿠 다 사 이
　ジュースを ください。

❿ 팡 오 쿠 다 사 이
　パンを ください。

문장 구조를 1초 만에 일본어로 말해 보자.

❶ 티켓 주세요.

❷ 한 개 주세요.

❸ 두 개 주세요.

❹ 세 개 주세요.

❺ 주스 주세요.

❻ 빵 주세요.

❼ 티켓을 주세요.

❽ 이것을 주세요.

❾ 주스를 주세요.

❿ 빵을 주세요.

응용하기

응용표현

명사 + 와(과) = 명사 + と

* 조사 'と'는 '~와(과)'라는 뜻입니다.

문장을 확장해 보자.

❶ 이것과 이것을 주세요.

코 레 토 코 레 오 쿠 다 사 이
これと これを ください。

❷ 이것과 그것을 주세요.

코 레 토 소 레 오 쿠 다 사 이
これと それを ください。

❸ 이것과 저것을 주세요.

코 레 토 아 레 오 쿠 다 사 이
これと あれを ください。

❹ 그것과 이것을 주세요.

소 레 토 코 레 오 쿠 다 사 이
それと これを ください。

❺ 그것과 그것을 주세요.

소 레 토 소 레 오 쿠 다 사 이
それと それを ください。

❻ 그것과 저것을 주세요.

소 레 토 아 레 오 쿠 다 사 이
それと あれを ください。

❼ 저것과 이것을 주세요.

아 레 토 코 레 오 쿠 다 사 이
あれと これを ください。

❽ 저것과 저것을 주세요.

아 레 토 아 레 오 쿠 다 사 이
あれと あれを ください。

문장 구조를 1초 만에 해석해 보자.

① 코 레 토 코 레 오 쿠 다 사 이
これと これを ください。

② 코 레 토 소 레 오 쿠 다 사 이
これと それを ください。

③ 코 레 토 아 레 오 쿠 다 사 이
これと あれを ください。

④ 소 레 토 코 레 오 쿠 다 사 이
それと これを ください。

⑤ 소 레 토 소 레 오 쿠 다 사 이
それと それを ください。

⑥ 소 레 토 아 레 오 쿠 다 사 이
それと あれを ください。

⑦ 아 레 토 코 레 오 쿠 다 사 이
あれと これを ください。

⑧ 아 레 토 아 레 오 쿠 다 사 이
あれと あれを ください。

문장 구조를 1초 만에 일본어로 말해 보자.

① 이것과 이것을 주세요.

② 이것과 그것을 주세요.

③ 이것과 저것을 주세요.

④ 그것과 이것을 주세요.

⑤ 그것과 그것을 주세요.

⑥ 그것과 저것을 주세요.

⑦ 저것과 이것을 주세요.

⑧ 저것과 저것을 주세요.

기내에서 승무원과 대화를 하고 있다. 🎧 MP3 03-02

나　　스 미 마 생　판 토 쥬 - 스 오 쿠 다 사 이
すみません。パンと ジュースを ください。

여기요. 빵과 주스를 주세요.

승무원　하 이　판 토 쥬 - 스 데 스 카
はい、パンと ジュースですか？

네, 빵과 주스말입니까?

나　　하 이
はい。　네.

승무원　하 이　도 - 조
はい、どうぞ。

네, 여기 있습니다.

나　　아 리 가 토 - 고 자 이 마 스
ありがとうございます。

감사합니다.

플러스 단어

스 미 마 생
すみません 여기요, 실례합니다 ｜ 도 - 조 **どうぞ** 여기 있습니다, 어서 ~하세요

아 리 가 토 - 고 자 이 마 스
ありがとうございます 감사합니다

오모시로이 니홍고

1) 와꾸: 겉모습, 거푸집
일본어로 '테두리, 틀'이란 뜻의 와 쿠 わく(枠)에서 유래된 말입니다.

2) 무데뽀: 막무가내, 무계획
일본어로 '무모하다, 분별 없다'란 뜻의 무 텝 포 - むてっぽう(無鉄砲)에서 유래된 말입니다.

PART 04

코 레 와　　　탁 시 -
これは タクシー
데 스 카
ですか?

이것은 택시입니까?

🔖 **학습 목표**

주격조사를 사용해 명사의 기본문을 완성할 수 있다.

🔖 **학습 포인트**

☑ 명사 + 은(는) = 명사 + **は**
　　　　　　　　　　　　　　　와

☑ 명사은(는) + 명사입니다/이(가) 아닙니다 = 명사**は** + 명사**です/じゃ ありません**
　　　　　　　　　　　　　　　　　　　　　　　　와　　데 스　쟈 아리마 셍

🔖 **미리보기** 🎧 MP3 04-01

코 레　　　　　탁 시 -　　　　　코 -　　　　　　　벤 토 -　　　　　　　아 메
これ 이것 | **タクシー** 택시 | **きょう(今日)** 오늘 | **べんとう(弁当)** 도시락 | **あめ(雨)** 비

나 마 비 - 루　　　　　　　유 키　　　　　쿠 루 마　　　　　　유 키
なまビール(生ビール) 생맥주 | **ゆき(雪)** 눈 | **くるま(車)** 자동차 | **ゆき(行き)** ~행

신 쥬 쿠　　　　　　　　시 부 야
しんじゅく(新宿) 신주쿠 | **しぶや(渋谷)** 시부야

01 | 주격조사 は(와)

명사 + 은(는) = 명사 + は(와)

조사 'は(와)'는 '~은(는)'이라는 뜻의 주격조사입니다.

이것은 = これは(코 레 와)

오늘은 = きょうは(쿄 - 와)

명사은(는) + 명사입니다 = 명사は + 명사です

명사은(는) + 명사이(가) 아닙니다 = 명사は + 명사じゃ ありません

명사에 '~은(는)'에 해당하는 'は'를 붙이고, 그 뒤에 '~입니다', '~이(가) 아닙니다'라는 뜻의 일본어 'です/じゃ ありません'을 연결하면 명사의 기본문장을 완성할 수 있습니다. 또한 'です/じゃ ありません' 뒤에 'か'를 붙이면 '~입니까?/~이(가) 아닙니까?'라는 의문문이 됩니다.

이것은 도시락입니다. = これは べんとうです。

오늘은 비가아닙니다. = きょうは あめじゃ ありません。

이것은 도시락입니까? = これは べんとうですか?

오늘은 비가아닙니까? = きょうは あめじゃ ありませんか?

문장 구조를 반복해서 연습해 보자.

❶ 이것은 도시락입니다.

코 레 와　벤 토 - 데 스
これは べんとうです。

❷ 오늘은 생맥주입니다.

코 - 와 나 마 비 - 루 데 스
きょうは なまビールです。

❸ 이것은 택시입니다.

코 레 와　탁 시 - 데 스
これは タクシーです。

❹ 오늘은 비입니다.

코 - 와 아 메 데 스
きょうは あめです。

❺ 이것은 눈입니까?

코 레 와 유 키 데 스 카
これは ゆきですか?

❻ 오늘은 도시락이 아닙니다.

코 - 와 벤 토 - 쟈 아 리 마 셍
きょうは べんとうじゃ ありません。

❼ 이것은 생맥주가 아닙니다.

코 레 와 나 마 비 - 루 쟈 아 리 마 셍
これは なまビールじゃ ありません。

❽ 오늘은 자동차가 아닙니다.

코 - 와 쿠 루 마 쟈 아 리 마 셍
きょうは くるまじゃ ありません。

❾ 오늘은 비가 아닙니다.

코 - 와 아 메 쟈 아 리 마 셍
きょうは あめじゃ ありません。

❿ 오늘은 눈이 아닙니까?

코 - 와 유 키 쟈 아 리 마 셍 카
きょうは ゆきじゃ ありませんか?

문장 구조를 1초 만에 해석해 보자.

코 레 와 벤 토 - 데 스
❶ これは べんとうです。
....

코 - 와 나 마 비 - 루 데 스
❷ きょうは なまビールです。
....

코 레 와 탁 시 - 데 스
❸ これは タクシーです。
....

쿄 - 와 아 메 데 스
❹ きょうは あめです。
....

코 레 와 유 키 데 스 카
❺ これは ゆきですか?
....

코 - 와 벤 토 - 쟈 아 리 마 셍
❻ きょうは べんとうじゃ ありません。
....

코 레 와 나 마 비 - 루 쟈 아 리 마 셍
❼ これは なまビールじゃ ありません。
....

쿄 - 와 쿠 루 마 쟈 아 리 마 셍
❽ きょうは くるまじゃ ありません。
....

쿄 - 와 아 메 쟈 아 리 마 셍
❾ きょうは あめじゃ ありません。
....

쿄 - 와 유 키 쟈 아 리 마 셍 카
❿ きょうは ゆきじゃ ありませんか?
....

문장 구조를 1초 만에 일본어로 말해 보자.

❶ 이것은 도시락입니다.
....

❷ 오늘은 생맥주입니다.
....

❸ 이것은 택시입니다.
....

❹ 오늘은 비입니다.
....

❺ 이것은 눈입니까?
....

❻ 오늘은 도시락이 아닙니다.
....

❼ 이것은 생맥주가 아닙니다.
....

❽ 오늘은 자동차가 아닙니다.
....

❾ 오늘은 비가 아닙니다.
....

❿ 오늘은 눈이 아닙니까?
....

응용표현

목적지 + 행 = 목적지 + ゆき^{유 키}

* 목적지에 'ゆき^{유 키}'를 붙이면 '~행'이라는 표현을 만들 수 있습니다.

❖ 문장을 확장해 보자.

❶ 신주쿠행입니다.

신 쥬 쿠유키데스
しんじゅくゆきです。

❷ 시부야행입니다.

시 부 야 유 키 데 스
しぶやゆきです。

❸ 신주쿠행입니까?

신 쥬 쿠유 키 데 스 카
しんじゅくゆきですか?

❹ 시부야행입니까?

시 부 야 유 키 데 스 카
しぶやゆきですか?

❺ 이것은 신주쿠행입니까?

코 레 와 신 쥬 쿠유 키 데 스 카
これは しんじゅくゆきですか?

❻ 이것은 시부야행입니까?

코 레 와 시 부 야 유 키 데 스 카
これは しぶやゆきですか?

❼ 네, 신주쿠행입니다.

하 이 신 쥬 쿠유 키 데 스
はい、しんじゅくゆきです。

❽ 아니요, 시부야행이 아닙니다.

이 - 에 시 부 야 유 키 쟈 아 리 마 생
いいえ、しぶやゆきじゃ ありません。

문장 구조를 1초 만에 해석해 보자.

① しんじゅくゆきです。
신 쥬 쿠 유 키 데 스

⑤ これは しんじゅくゆきですか?
코 레 와 신 쥬 쿠 유 키 데 스 카

② しぶやゆきです。
시 부 야 유 키 데 스

⑥ これは しぶやゆきですか?
코 레 와 시 부 야 유 키 데 스 카

③ しんじゅくゆきですか?
신 쥬 쿠 유 키 데 스 카

⑦ はい、しんじゅくゆきです。
하 이 신 쥬 쿠 유 키 데 스

④ しぶやゆきですか?
시 부 야 유 키 데 스 카

⑧ いいえ、しぶやゆきじゃ ありません。
아 - 에 시 부 야 유 키 쟈 아 리 마 셍

문장 구조를 1초 만에 일본어로 말해 보자.

① 신주쿠행입니다.

⑤ 이것은 신주쿠행입니까?

② 시부야행입니다.

⑥ 이것은 시부야행입니까?

③ 신주쿠행입니까?

⑦ 네, 신주쿠행입니다.

④ 시부야행입니까?

⑧ 아니요, 시부야행이 아닙니다.

공항에서 호텔로 가는 버스를 안내원에게 묻고 있다. 🎧 MP3 04-02

나
코 레 와 신 쥬 쿠유키데스카
これは しんじゅくゆきですか？

이것은 신주쿠행입니까?

안내원
이 - 에 코 레 와 시부야유키데스
いいえ、これは しぶやゆきです。

아니요, 이것은 시부야행입니다.

나
아 레 와 신 쥬 쿠유키데스카
あれは しんじゅくゆきですか？

저것은 신주쿠행입니까?

안내원
하 이 아 레 와 신 쥬 쿠유키데스
はい、あれは しんじゅくゆきです。

네, 저것은 신주쿠행입니다.

플러스 단어

아 레
あれ 저것

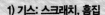

오모시로이 니홍고

1) 기스: 스크래치, 흠집
일본어로 '상처, 흠'이란 뜻의 きず(傷)에서 유래된 말입니다.

2) 가라: 가짜, 허위
일본어로 '비어 있는 것, 거짓'이란 뜻의 から(空)에서 유래된 말입니다.

PART 05

에 레 베 - 타 - 와
エレベーターは
도 코 데 스 카
どこですか?

🌿 엘리베이터는 어디입니까?

🪔 **학습 목표**

의문사를 활용하여 질문을 할 수 있다.

🪔 **학습 포인트**

☑ 명사은(는) + 이곳/그곳/저곳/어느 곳 + 입니까? = 명사 は + 와 코 코 소 코 아 소 코 도 코 데 스 카 **ここ/そこ/あそこ/どこ + ですか?**

☑ 명사은(는) + 이것/그것/저것/어느 것 + 입니까? = 명사 は + 와 코 레 소 레 아 레 도 레 데 스 카 **これ/それ/あれ/どれ + ですか?**

🪔 **미리보기** 🎧 MP3 05-01

에 레 베 - 타 -
エレベーター 엘리베이터 | 도 코 **どこ** 어느곳 | 코 코 **ここ** 이곳 | 소 코 **そこ** 그곳 | 아 소 코 **あそこ** 저곳 | 시 원 스 쿠 - 루 **シウォンスクール** 시원스쿨

코 레 **これ** 이것 | 소 레 **それ** 그것 | 아 레 **あれ** 저것 | 도 레 **どれ** 어느것 | 오 스 스 메 **おすすめ(お勧め)** 추천

신 쥬 쿠 **しんじゅく(新宿)** 신주쿠 | 유 키 **ゆき(行き)** ~행 | 난 **なん(何)** 무엇

살펴보기 🔍

01 장소를 묻는 의문문

명사은(는) + 이곳 + 입니까? = 명사<ruby>は<rt>와</rt></ruby> + <ruby>ここ<rt>코 코</rt></ruby> + <ruby>ですか<rt>데 스 카</rt></ruby>?

명사은(는) + 그곳 + 입니까? = 명사<ruby>は<rt>와</rt></ruby> + <ruby>そこ<rt>소 코</rt></ruby> + <ruby>ですか<rt>데 스 카</rt></ruby>?

명사은(는) + 저곳 + 입니까? = 명사<ruby>は<rt>와</rt></ruby> + <ruby>あそこ<rt>아 소 코</rt></ruby> + <ruby>ですか<rt>데 스 카</rt></ruby>?

명사은(는) + 어느 곳 + 입니까? = 명사<ruby>は<rt>와</rt></ruby> + <ruby>どこ<rt>도 코</rt></ruby> + <ruby>ですか<rt>데 스 카</rt></ruby>?

 '<ruby>ここ<rt>코 코</rt></ruby>'는 '이곳, 여기', '<ruby>そこ<rt>소 코</rt></ruby>'는 '그곳, 거기', '<ruby>あそこ<rt>아 소 코</rt></ruby>'는 '저곳, 저기', '<ruby>どこ<rt>도 코</rt></ruby>'는 '어느 곳, 어디'라는 뜻입니다. 이러한 지시대명사를 사용해 장소를 물을 수 있습니다.

시원스쿨은 이곳입니까? = <ruby>シウォンスクールは<rt>시 원 스 쿠 - 루 와</rt></ruby> <ruby>ここですか<rt>코 코 데 스 카</rt></ruby>?

시원스쿨은 그곳입니까? = <ruby>シウォンスクールは<rt>시 원 스 쿠 - 루 와</rt></ruby> <ruby>そこですか<rt>소 코 데 스 카</rt></ruby>?

시원스쿨은 저곳입니까? = <ruby>シウォンスクールは<rt>시 원 스 쿠 - 루 와</rt></ruby> <ruby>あそこですか<rt>아 소 코 데 스 카</rt></ruby>?

시원스쿨은 어느 곳입니까? = <ruby>シウォンスクールは<rt>시 원 스 쿠 - 루 와</rt></ruby> <ruby>どこですか<rt>도 코 데 스 카</rt></ruby>?

명사은(는) + 이것 + 입니까? = 명사は + <ruby>これ<rt>코 레</rt></ruby> + <ruby>ですか?<rt>데 스 카</rt></ruby>

명사은(는) + 그것 + 입니까? = 명사は + <ruby>それ<rt>소 레</rt></ruby> + <ruby>ですか?<rt>데 스 카</rt></ruby>

명사은(는) + 저것 + 입니까? = 명사は + <ruby>あれ<rt>아 레</rt></ruby> + <ruby>ですか?<rt>데 스 카</rt></ruby>

명사은(는) + 어느 것 + 입니까? = 명사は + <ruby>どれ<rt>도 레</rt></ruby> + <ruby>ですか?<rt>데 스 카</rt></ruby>

'これ코 레'는 '이것', 'それ소 레'는 '그것', 'あれ아 레'는 '저것', 'どれ도 레'는 '어느 것'이라는 뜻입니다. 이러한 지시대명사를 사용해 사물을 물을 수 있습니다.

추천은 이것입니까? = <ruby>おすすめは これですか?<rt>오 스 스 메 와 코 레 데 스 카</rt></ruby>

추천은 그것입니까? = <ruby>おすすめは それですか?<rt>오 스 스 메 와 소 레 데 스 카</rt></ruby>

추천은 저것입니까? = <ruby>おすすめは あれですか?<rt>오 스 스 메 와 아 레 데 스 카</rt></ruby>

추천은 어느 것입니까? = <ruby>おすすめは どれですか?<rt>오 스 스 메 와 도 레 데 스 카</rt></ruby>

✿ 문장 구조를 반복해서 연습해 보자.

❶ 시원스쿨은 이곳입니까?

시 원 스 쿠 ─ 루 와 코 코 데 스 카
シウォンスクールは ここですか?

❷ 시원스쿨은 그곳입니까?

시 원 스 쿠 ─ 루 와 소 코 데 스 카
シウォンスクールは そこですか?

❸ 시원스쿨은 저곳입니까?

시 원 스 쿠 ─ 루 와 아 소 코 데 스 카
シウォンスクールは あそこですか?

❹ 시원스쿨은 어느 곳입니까?

시 원 스 쿠 ─ 루 와 도 코 데 스 카
シウォンスクールは どこですか?

❺ 신주쿠행은 어느 곳입니까?

신 쥬 쿠 유 키 와 도 코 데 스 카
しんじゅくゆきは どこですか?

❻ 추천은 이것입니까?

오 스 스 메 와 코 레 데 스 카
おすすめは これですか?

❼ 추천은 그것입니까?

오 스 스 메 와 소 레 데 스 카
おすすめは それですか?

❽ 추천은 저것입니까?

오 스 스 메 와 아 레 데 스 카
おすすめは あれですか?

❾ 추천은 어느 것입니까?

오 스 스 메 와 도 레 데 스 카
おすすめは どれですか?

❿ 신주쿠행은 어느 것입니까?

신 쥬 쿠 유 키 와 도 레 데 스 카
しんじゅくゆきは どれですか?

문장 구조를 1초 만에 해석해 보자.

시 원 스쿠 - 루 와 코 코데스카
❶ シウォンスクールは ここですか?

오 스 스메 와 코 레데스카
❻ おすすめは これですか?

시 원 스쿠 - 루 와 소 코데스카
❷ シウォンスクールは そこですか?

오 스 스메 와 소 레데스카
❼ おすすめは それですか?

시 원 스쿠 - 루 와 아 소 코데스카
❸ シウォンスクールは あそこですか?

오 스 스메 와 아 레데스카
❽ おすすめは あれですか?

시 원 스쿠 - 루 와 도 코데스카
❹ シウォンスクールは どこですか?

오 스 스메 와 도 레데스카
❾ おすすめは どれですか?

신 쥬 쿠유키와 도 코데스카
❺ しんじゅくゆきは どこですか?

신 쥬 쿠유키와 도 레데스카
❿ しんじゅくゆきは どれですか?

문장 구조를 1초 만에 일본어로 말해 보자.

❶ 시원스쿨은 이곳입니까?

❻ 추천은 이것입니까?

❷ 시원스쿨은 그곳입니까?

❼ 추천은 그것입니까?

❸ 시원스쿨은 저곳입니까?

❽ 추천은 저것입니까?

❹ 시원스쿨은 어느 곳입니까?

❾ 추천은 어느 것입니까?

❺ 신주쿠행은 어느 곳입니까?

❿ 신주쿠행은 어느 것입니까?

응용표현

무엇 + 입니까? = なん + ですか?
난   데 스 카

* 의문사 'なん'은 '무엇'이라는 뜻입니다.
    난

문장을 확장해 보자.

❶ 무엇입니까?

　　　　　난 데 스 카
なんですか?

❷ 이것은 무엇입니까?

　코 레 와 　난 데 스 카
これは なんですか?

❸ 그것은 무엇입니까?

　소 레 와 　난 데 스 카
それは なんですか?

❹ 저것은 무엇입니까?

　아 레 와 　난 데 스 카
あれは なんですか?

❺ 신주쿠행은 무엇입니까?

　신 　쥬 쿠유키와 　난 데 스 카
しんじゅくゆきは なんですか?

❻ 시부야행은 무엇입니까?

　시 부 야유키와 　난 데 스 카
しぶやゆきは なんですか?

❼ 시원스쿨은 무엇입니까?

　시 원 　스 쿠 - 루와 　난 데 스 카
シウォンスクールは なんですか?

❽ 추천은 무엇입니까?

　오 스 스메와 　난 데 스 카
おすすめは なんですか?

문장 구조를 1초 만에 해석해 보자.

❶ <ruby>なん<rt>난</rt></ruby><ruby>で<rt>데</rt></ruby><ruby>す<rt>스</rt></ruby><ruby>か<rt>카</rt></ruby>？
난 데 스 카
❶ なんですか？

❷ <ruby>これ<rt>코 레</rt></ruby>は なんですか？
코 레 와 난 데 스 카
❷ これは なんですか？

❸ それは なんですか？
소 레 와 난 데 스 카
❸ それは なんですか？

❹ あれは なんですか？
아 레 와 난 데 스 카
❹ あれは なんですか？

❺ しんじゅくゆきは なんですか？
신 쥬 쿠 유 키 와 난 데 스 카
❺ しんじゅくゆきは なんですか？

❻ しぶやゆきは なんですか？
시 부 야 유 키 와 난 데 스 카
❻ しぶやゆきは なんですか？

❼ シウォンスクールは なんですか？
시 원 스쿠 - 루 와 난 데 스 카
❼ シウォンスクールは なんですか？

❽ おすすめは なんですか？
오 스 스 메 와 난 데 스 카
❽ おすすめは なんですか？

문장 구조를 1초 만에 일본어로 말해 보자.

❶ 무엇입니까?

❷ 이것은 무엇입니까?

❸ 그것은 무엇입니까?

❹ 저것은 무엇입니까?

❺ 신주쿠행은 무엇입니까?

❻ 시부야행은 무엇입니까?

❼ 시원스쿨은 무엇입니까?

❽ 추천은 무엇입니까?

호텔에서 엘리베이터의 위치를 묻고 있다. 🎧 MP3 05-02

나 스 미 마 셍
すみません。 저기요.

호텔직원 하 이
はい。 네.

나 에 레 베 - 타 - 와 도 코 데 스 카
エレベーターは どこですか？

엘리베이터는 어디입니까?

호텔직원 에 레 베 - 타 - 와 아 소 코 데 스
エレベーターは あそこです。

엘리베이터는 저기입니다.

나 아 리 가 토 - 고 자 이 마 스
ありがとうございます。

감사합니다.

플러스 단어

에 레 베 - 타 -
エレベーター 엘리베이터 | 아 리 가 토 - 고 자 이 마 스
ありがとうございます 감사합니다

오모시로이 니홍고

일본의 젓가락 예절

한국은 세로로 젓가락을 놓지만 일본은 가로로 놓습니다. 그런데 일본에서 절대 하지
말아야 할 금기 사항이 있는데요. 젓가락에서 젓가락으로 음식을 전해주는 행위입니다.
일본의 장례식에서는 뼛조각을 긴 젓가락과 비슷한 도구로 옮기는데 그 행위를 연상시
키기 때문이죠.

실력업그레이드1

✏️ PART 01에서 PART 05까지 배웠던 문형을 복습해 봅시다.

PART 01 すしです
^{스 시 데 스}

- 명사 + 입니다 = 명사 + **です** ^{데 스}
- 명사 + 이었습니다 = 명사 + **でした** ^{데 시 타}

PART 02 バスじゃ ありません
^{바 스 쟈 아 리 마 셍}

- 명사 + 이(가) 아닙니다 = 명사 + **じゃ ありません** ^{쟈 아 리 마 셍}
- 명사 + 이(가) 아니었습니다 = 명사 + **じゃ ありませんでした** ^{쟈 아 리 마 셍 데 시 타}

PART 03 これを ください
^{코 레 오 쿠 다 사 이}

- 명사 + 을(를) = 명사 + **を** ^오
- 명사 + 주세요 = 명사 + **ください** ^{쿠 다 사 이}
- 명사 + 을(를) + 주세요 = 명사 + **を** + **ください** ^{오 쿠 다 사 이}

PART 04 これは タクシーですか?
^{코 레 와 탁 시 - 데 스 카}

- 명사 + 은(는) = 명사 + **は** ^와
- 명사은(는) + 명사입니다/이(가) 아닙니다 = 명사**は** + 명사**です/じゃ ありません** ^{와 데 스 쟈 아 리 마 셍}

PART 05 エレベーターは どこですか?
^{에 레 베 - 타 - 와 도 코 데 스 카}

- 명사은(는) + 이곳/그곳/저곳/어느 곳 + 입니까? = 명사**は** + **ここ/そこ/あそこ/どこ** + **ですか?** ^{와 코코 소코 아소코 도코 데스 카}
- 명사은(는) + 이것/그것/저것/어느 것 + 입니까? = 명사**は** + **これ/それ/あれ/どれ** + **ですか?** ^{와 코레 소레 아레 도레 데스 카}

앞에서 배웠던 문형에 추가 단어들을 적용해 연습해 봅시다.

읽는 법	한자	품사	뜻
카 이 사 츠 구 치 かいさつぐち	改札口	명사	개찰구
오 테 라 おてら	お寺	명사	절
시 료 - しりょう	資料	명사	자료
무 카 이 가 와 むかいがわ	向かい側	명사	반대편
쿄 넨 きょねん	去年	명사	작년
나 츠 야 스 미 なつやすみ	夏休み	명사	여름방학
오 츠 리 おつり	お釣り	명사	거스름돈
슈 쿠 다 이 しゅくだい	宿題	명사	숙제
시 켐 しけん	試験	명사	시험
오 - 모 리 おおもり	大盛り	명사	곱빼기
멘 세 츠 めんせつ	面接	명사	면접
슈 - 뎀 しゅうでん	終電	명사	막차
우 소 うそ	嘘	명사	거짓말
히 가 에 리 ひがえり	日帰り	명사	당일치기
오 - 후 쿠 おうふく	往復	명사	왕복
카 타 미 치 かたみち	片道	명사	편도
헤 - 지 츠 へいじつ	平日	명사	평일
니 세 모 노 にせもの	偽物	명사	위조품
홈 모 노 ほんもの	本物	명사	진품
아 시 타 あした	明日	명사	내일
아 삿 테 あさって	明後日	명사	모레

읽는 법	한자	품사	뜻
おやつ		명사	간식
ちょうしょく	朝食	명사	아침식사
コンサート		명사	콘서트
しょうゆ	醤油	명사	간장
はブラシ	歯ブラシ	명사	칫솔
はみがきこ	歯磨き粉	명사	치약
デザート		명사	디저트
イヤホン		명사	이어폰
りょうしゅうしょ	領収書	명사	영수증
かきごおり	かき氷	명사	빙수
おみず	お水	명사	물
ひやけどめ	日焼け止め	명사	선크림
ぼうし	帽子	명사	모자
まくら	枕	명사	베개
もうふ	毛布	명사	담요
ちゅうしゃじょう	駐車場	명사	주차장
みぎ	右	명사	오른쪽
きょうしつ	教室	명사	교실
びじゅつかん	美術館	명사	미술관
でぐち	出口	명사	출구
ひだり	左	명사	왼쪽

읽는 법	한자	품사	뜻
こうさてん	交差点	명사	교차로
こうえん	公園	명사	공원
にほん	日本	명사	일본
はじめて	初めて	명사	처음
バイキング		명사	뷔페
はくぶつかん	博物館	명사	박물관
みせ	店	명사	가게
きんえん	禁煙	명사	금연
カラオケ		명사	노래방
くうこう	空港	명사	공항
とりにく	鶏肉	명사	닭고기
ぶたにく	豚肉	명사	돼지고기
ぎゅうにく	牛肉	명사	소고기
めんぜいてん	免税店	명사	면세점
こうばん	交番	명사	파출소
ふるさと		명사	고향
おすすめ	お勧め	명사	추천
おみやげ	お土産	명사	기념품
しゅみ	趣味	명사	취미

PART 06

<ruby>칸 탄 데 스</ruby>

かんたんです

간단합니다

🔖 학습 목표

'<ruby>나</ruby>な형용사합니다'라는 <ruby>나</ruby>な형용사의 현재 긍정문, '<ruby>나</ruby>な형용사했습니다'라는 <ruby>나</ruby>な형용사의 과거

긍정문을 말할 수 있다.

🔖 학습 포인트

☑ <ruby>나</ruby>な형용사 + 합니다 = <ruby>나</ruby>な형용사 + <ruby>데 스</ruby>です

☑ <ruby>나</ruby>な형용사 + 했습니다 = <ruby>나</ruby>な형용사 + <ruby>데 시 타</ruby>でした

☑ 이것/그것/저것 + 은 + <ruby>나</ruby>な형용사합니다/했습니다 = <ruby>코 레 소 레 아 레 와</ruby>これ/それ/あれ + は + <ruby>나</ruby>な형용사<ruby>데 스 데 시 타</ruby>です/でした

🔖 미리보기 🎧 MP3 06-01

<ruby>칸 탄 데 스</ruby>
かんたんです(簡単です) 간단합니다 | <ruby>벤 리 데 스</ruby> **べんりです(便利です)** 편리합니다 | <ruby>히 츠 요 - 데 스</ruby> **ひつようです(必要です)** 필요합니다

<ruby>신 센 데 스</ruby>
しんせんです(新鮮です) 신선합니다 | <ruby>유 - 메 - 데 스</ruby> **ゆうめいです(有名です)** 유명합니다 | <ruby>스 키 데 스</ruby> **すきです(好きです)** 좋아합니다

<ruby>토 테 모</ruby>
とても 매우

01 │ な형용사의 현재 긍정

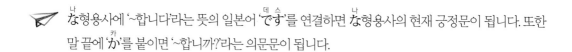

な형용사 + 합니다 = な형용사 + です

✈ な형용사에 '~합니다'라는 뜻의 일본어 'です'를 연결하면 な형용사의 현재 긍정문이 됩니다. 또한 말 끝에 'か'를 붙이면 '~합니까?'라는 의문문이 됩니다.

간단합니다. = かんたんです。

편리합니까? = べんりですか？

02 │ な형용사의 과거 긍정

な형용사 + 했습니다 = な형용사 + でした

✈ な형용사에 '~했습니다'라는 뜻의 일본어 'でした'를 연결하면 な형용사의 과거 긍정문이 됩니다. 마찬가지로 말 끝에 'か'를 붙이면 '~했습니까?'라는 의문문이 됩니다.

간단했습니다. = かんたんでした。

편리했습니까? = べんりでしたか？

이것/그것/저것 + 은 + **な**^나형용사합니다/했습니다

= これ/それ/あれ + は + **な**^나형용사です/でした
_{코 레 소 레 아 래 와 나 데 스 데 시 타}

지시대명사 '이것', '그것', '저것' 등에 주격조사 'は^와'를 연결한 '이것은', '그것은', '저것은' 등을 붙여 な^나형용사 문장을 완성할 수 있습니다.

이것은 필요합니다. = これは ひつようです。
_{코 레 와 히 츠 요 - 데 스}

그것은 신선했습니다. = それは しんせんでした。
_{소 레 와 신 센 데 시 타}

저것은 유명합니까? = あれは ゆうめいですか？
_{아 레 와 유 - 메 - 데 스 카}

이것은 좋아했습니까? = これは すきでしたか？
_{코 레 와 스 카 데 시 타 카}

문장 구조를 반복해서 연습해 보자.

❶ 간단합니다.
_{칸 탄 데 스}
かんたんです。

❷ 편리합니다.
_{벤 리 데 스}
べんりです。

❸ 신선합니까?
_{신 센 데 스 카}
しんせんですか?

❹ 이것은 유명합니다.
_{코 레 와 유 - 메 - 데 스}
これは ゆうめいです。

❺ 그것은 좋아합니까?
_{소 레 와 스 키 데 스 카}
それは すきですか?

❻ 간단했습니다.
_{칸 탄 데 시 타}
かんたんでした。

❼ 필요했습니다.
_{히 츠 요 - 데 시 타}
ひつようでした。

❽ 신선했습니까?
_{신 센 데 시 타 카}
しんせんでしたか?

❾ 그것은 유명했습니다.
_{소 레 와 유 - 메 - 데 시 타}
それは ゆうめいでした。

❿ 저것은 좋아했습니까?
_{아 레 와 스 키 데 시 타 카}
あれは すきでしたか?

문장 구조를 **1초 만에 해석**해 보자.

① <ruby>かんたんです<rt>칸 탄 데 스</rt></ruby>。

② <ruby>べんりです<rt>벤 리 데 스</rt></ruby>。

③ <ruby>しんせんですか<rt>신 센 데 스 카</rt></ruby>?

④ <ruby>これは ゆうめいです<rt>코 레 와 유 - 메 - 데 스</rt></ruby>。

⑤ <ruby>それは すきですか<rt>소 레 와 스 키 데 스 카</rt></ruby>?

⑥ <ruby>かんたんでした<rt>칸 탄 데 시 타</rt></ruby>。

⑦ <ruby>ひつようでした<rt>히 츠 요 - 데 시 타</rt></ruby>。

⑧ <ruby>しんせんでしたか<rt>신 센 데 시 타 카</rt></ruby>?

⑨ <ruby>それは ゆうめいでした<rt>소 레 와 유 - 메 - 데 시 타</rt></ruby>。

⑩ <ruby>あれは すきでしたか<rt>아 레 와 스 키 데 시 타 카</rt></ruby>?

문장 구조를 **1초 만에 일본어로** 말해 보자.

① 간단합니다.

② 편리합니다.

③ 신선합니까?

④ 이것은 유명합니다.

⑤ 그것은 좋아합니까?

⑥ 간단했습니다.

⑦ 필요했습니다.

⑧ 신선했습니까?

⑨ 그것은 유명했습니다.

⑩ 저것은 좋아했습니까?

응용표현

이것/그것/저것은 + 매우 + な형용사합니다/했습니다

= これ/それ/あれは + とても + な형용사です/でした
(코레/소레/아레와)   (토테모)   (데스/데시타)

* '매우, 아주'라는 뜻의 부사는 'とても(토테모)'라고 합니다. な형용사 앞에 붙어 な형용사를 꾸며줄 수 있습니다.

문장을 확장해 보자.

❶ 이것은 매우 간단합니다.

これは とても かんたんです。
(코레와 토테모 칸 탄 데스)

❷ 그것은 매우 편리합니다.

それは とても べんりです。
(소레와 토테모 벤 리데스)

❸ 저것은 매우 신선합니다.

あれは とても しんせんです。
(아레와 토테모 신 센 데스)

❹ 이것은 매우 유명합니까?

これは とても ゆうめいですか?
(코레와 토테모 유-메-데스카)

❺ 그것은 매우 편리했습니다.

それは とても べんりでした。
(소레와 토테모 벤 리데시타)

❻ 이것은 매우 필요했습니다.

これは とても ひつようでした。
(코레와 토테모 히츠요-데시타)

❼ 그것은 매우 신선했습니다.

それは とても しんせんでした。
(소레와 토테모 신 센 데시타)

❽ 저것은 매우 유명했습니까?

あれは とても ゆうめいでしたか?
(아레와 토테모 유-메-데시타카)

문장 구조를 1초 만에 해석해 보자.

❶ 코 레 와 토 테 모 칸 탄 데 스
これは とても かんたんです。

❷ 소 레 와 토 테 모 벤 리데스
それは とても べんりです。

❸ 아 레 와 토 테 모 신 센 데 스
あれは とても しんせんです。

❹ 코 레 와 토 테 모 유 - 메 - 데 스 카
これは とても ゆうめいですか?

❺ 소 레 와 토 테 모 벤 리데시타
それは とても べんりでした。

❻ 코 레 와 토 테 모 히 츠 요 - 데 시 타
これは とても ひつようでした。

❼ 소 레 와 토 테 모 신 센 데 시 타
それは とても しんせんでした。

❽ 아 레 와 토 테 모 유 - 메 - 데 시 타 카
あれは とても ゆうめいでしたか?

문장 구조를 1초 만에 일본어로 말해 보자.

❶ 이것은 매우 간단합니다.

❷ 그것은 매우 편리합니다.

❸ 저것은 매우 신선합니다.

❹ 이것은 매우 유명합니까?

❺ 그것은 매우 편리했습니다.

❻ 이것은 매우 필요했습니다.

❼ 그것은 매우 신선했습니다.

❽ 저것은 매우 유명했습니까?

호텔에서 와이파이를 사용하려 하고 있다. 🎧 MP3 06-02

호텔직원 すみません。ワイファイは ひつようですか？

실례합니다. 와이파이는 필요하십니까?

나 はい、ひつようです。　네, 필요합니다.

パスワードは なんですか？

비밀번호는 무엇입니까？

호텔직원 パスワードは 123456です。

비밀번호는 123456입니다.

나 ありがとうございます。

감사합니다.

플러스 단어

すみません 실례합니다 | **ワイファイ** 와이파이 | **パスワード** 비밀번호

오모시로이 니홍고

1) 나가리: 내쳐지다, 제외되다

일본어로 '무효가 되다, 중단되다'란 뜻의 ながれ(流れ)에서 유래된 말입니다.

2) 찌라시: 광고지, 소문

일본어로 '흩뜨려 놓는 것'이나 '광고, 전단지'란 뜻의 ちらし(散らし)에서 유래된 말입니다.

PART 07

칸 탄 쟈
かんたんじゃ
아 리 마 셍
ありません

간단하지 않습니다

🕯 학습 목표

'**な**형용사하지 않습니다'라는 **な**형용사의 현재 부정문, '**な**형용사하지 않았습니다'라는 **な**형용사의

과거 부정문을 말할 수 있다.

🕯 학습 포인트

☑ **な**형용사 + 하지 않습니다 = **な**형용사 + じゃ ありません
  (나)　　　　　　　　　　　　　(나)　　　　　쟈 아리마 셍

☑ **な**형용사 + 하지 않았습니다 = **な**형용사 + じゃ ありませんでした
  (나)　　　　　　　　　　　　　　(나)　　　　쟈 아리마 셍 데시타

☑ 이것/그것/저것 + 은 + **な**형용사하지 않습니다/하지 않았습니다
　　　　　　　　　　　　　　(나)
  코레 소레 아레 와　　나　　　　쟈 아리마 셍　　쟈 아리마 셍 데시타
  = これ/それ/あれ + は + **な**형용사じゃ ありません/じゃ ありませんでした

🕯 미리보기 🎧 MP3 07-01

칸 탄 데스　　　　　　　　　　　벤 리 데 스　　　　　　　　　　히 츠 요 - 데 스
かんたんです(簡単です)간단합니다 | べんりです(便利です)편리합니다 | ひつようです(必要です)필요합니다

신 센 데스　　　　　　　　　　　유 - 메 - 데 스　　　　　　　　　스 키 데 스
しんせんです(新鮮です)신선합니다 | ゆうめいです(有名です)유명합니다 | すきです(好きです)좋아합니다

모
も ~도

01 | な형용사의 현재 부정

な형용사 + 하지 않습니다 = な형용사 + じゃ ありません

✈ な형용사에 '~하지 않습니다'라는 뜻의 일본어 'じゃ ありません'을 연결하면 な형용사의 현재 부정문이 됩니다. 또한 말 끝에 'か'를 붙이면 '~하지 않습니까?'라는 의문문이 됩니다.

간단하지 않습니다. = かんたんじゃ ありません。

편리하지 않습니까? = べんりじゃ ありませんか?

02 | な형용사의 과거 부정

な형용사 + 하지 않았습니다 = な형용사 + じゃ ありませんでした

✈ な형용사에 '~하지 않았습니다'라는 뜻의 일본어 'じゃ ありませんでした'를 연결하면 な형용사의 과거 부정문이 됩니다. 마찬가지로 말 끝에 'か'를 붙이면 '~하지 않았습니까?'라는 의문문이 됩니다.

간단하지 않았습니다. = かんたんじゃ ありませんでした。

편리하지 않았습니까? = べんりじゃ ありませんでしたか?

이것/그것/저것 + 은 + **な**형용사하지 않습니다/하지 않았습니다

= コレ ソレ アレ ワ ナ ジャ アリマ センデシタ
これ/それ/あれ + は + **な**형용사じゃ ありません/じゃ ありませんでした

> 지시대명사 '이것', '그것', '저것' 등에 주격조사 'は'를 연결한 '이것은', '그것은', '저것은' 등을 붙여 **な**형용사 문장을 완성할 수 있습니다.

이것은 필요하지 않습니다. = これは **ひつよう**じゃ ありません。
コレワ ヒツヨー ジャ アリマ セン

그것은 신선하지 않았습니다. = それは **しんせん**じゃ ありませんでした。
ソレワ シン セン ジャ アリマ セン デシタ

저것은 유명하지 않습니까? = あれは **ゆうめい**じゃ ありませんか？
アレワ ユーメー ジャ アリマ セン カ

이것은 좋아하지 않았습니까? = これは **すき**じゃ ありませんでしたか？
コレワ スキ ジャ アリマ セン デシタカ

문장 구조를 반복해서 연습해 보자.

❶ 간단하지 않습니다.

_{칸 탄 자 아리마 셍}
かんたんじゃ ありません。

❷ 편리하지 않습니다.

_{벤 리 자 아리마 셍}
べんりじゃ ありません。

❸ 신선하지 않습니까?

_{신 셍 자 아리마 셍 카}
しんせんじゃ ありませんか？

❹ 이것은 유명하지 않습니다.

_{코 레 와 유 - 메 - 자 아리마 셍}
これは ゆうめいじゃ ありません。

❺ 그것은 좋아하지 않습니까?

_{소 레 와 스 키 자 아리마 셍 카}
それは すきじゃ ありませんか？

❻ 간단하지 않았습니다.

_{칸 탄 자 아리마 셍 데시타}
かんたんじゃ ありませんでした。

❼ 필요하지 않았습니다.

_{히 츠 요 - 자 아리마 셍 데시타}
ひつようじゃ ありませんでした。

❽ 신선하지 않았습니까?

_{신 셍 자 아리마 셍 데시타 카}
しんせんじゃ ありませんでしたか？

❾ 그것은 유명하지 않았습니다.

_{소 레 와 유 - 메 - 자 아리마 셍 데시타}
それは ゆうめいじゃ ありませんでした。

❿ 저것은 좋아하지 않았습니까?

_{아 레 와 스 키 자 아리마 셍 데 시 타 카}
あれは すきじゃ ありませんでしたか？

문장 구조를 1초 만에 해석해 보자.

칸 탄 쟈 아리마 셍
❶ かんたんじゃ ありません。

벤 리 쟈 아리마 셍
❷ べんりじゃ ありません。

신 센 쟈 아리마 셍 카
❸ しんせんじゃ ありませんか?

코 레 와 유-메- 쟈 아리마 셍
❹ これは ゆうめいじゃ ありません。

소 레 와 스 키 쟈 아리마 셍 카
❺ それは すきじゃ ありませんか?

칸 탄 쟈 아리마 셍 데 시 타
❻ かんたんじゃ ありませんでした。

히 츠 요- 쟈 아리마 셍 데 시 타
❼ ひつようじゃ ありませんでした。

신 센 쟈 아리마 셍 데 시 타 카
❽ しんせんじゃ ありませんでしたか?

소 레 와 유-메- 쟈 아리마 셍 데 시 타
❾ それは ゆうめいじゃ ありませんでした。

아 레 와 스 키 쟈 아리마 셍 데 시 타 카
❿ あれは すきじゃ ありませんでしたか?

문장 구조를 1초 만에 일본어로 말해 보자.

❶ 간단하지 않습니다.

❷ 편리하지 않습니다.

❸ 신선하지 않습니까?

❹ 이것은 유명하지 않습니다.

❺ 그것은 좋아하지 않습니까?

❻ 간단하지 않았습니다.

❼ 필요하지 않았습니다.

❽ 신선하지 않았습니까?

❾ 그것은 유명하지 않았습니다.

❿ 저것은 좋아하지 않았습니까?

응용표현

이것/그것/저것 + 도 + な형용사하지 않습니다/하지 않았습니다

＝これ/それ/あれ + も + な형용사じゃ ありません/じゃ ありませんでした

* '~도'라는 뜻의 조사는 'も'라고 합니다. 지시대명사 뒤에 붙어 '이것도', '그것도', '저것도'와 같이 쓸 수 있습니다.

✿ 문장을 확장해 보자.

❶ 이것도 간단하지 않습니다.

これも かんたんじゃ ありません。

---

❷ 그것도 편리하지 않습니다.

それも べんりじゃ ありません。

---

❸ 저것도 신선하지 않습니다.

あれも しんせんじゃ ありません。

---

❹ 이것도 유명하지 않습니까?

これも ゆうめいじゃ ありませんか？

---

❺ 그것도 편리하지 않았습니다.

それも べんりじゃ ありませんでした。

---

❻ 이것도 필요하지 않았습니다.

これも ひつようじゃ ありませんでした。

---

❼ 그것도 신선하지 않았습니다.

それも しんせんじゃ ありませんでした。

---

❽ 저것도 유명하지 않았습니까?

あれも ゆうめいじゃ ありませんでしたか？

문장 구조를 1초 만에 해석해 보자.

❶ これも かんたんじゃ ありません。
코 레 모 칸 탄 쟈 아리마 셍

❷ それも べんりじゃ ありません。
소 레 모 벤 리 쟈 아리마 셍

❸ あれも しんせんじゃ ありません。
아 레 모 신 셍 쟈 아리마 셍

❹ これも ゆうめいじゃ ありませんか?
코 레 모 유 - 메 - 쟈 아리마 셍 카

❺ それも べんりじゃ ありませんでした。
소 레 모 벤 리 쟈 아리마 센 데 시 타

❻ これも ひつようじゃ ありませんでした。
코 레 모 히 츠 요 - 쟈 아리마 셍 데 시 타

❼ それも しんせんじゃ ありませんでした。
소 레 모 신 셍 쟈 아리마 셍 데 시 타

❽ あれも ゆうめいじゃ ありませんでしたか?
아 레 모 유 - 메 - 쟈 아리마 셍 데 사 타 카

문장 구조를 1초 만에 일본어로 말해 보자.

❶ 이것도 간단하지 않습니다.

❷ 그것도 편리하지 않습니다.

❸ 저것도 신선하지 않습니다.

❹ 이것도 유명하지 않습니까?

❺ 그것도 편리하지 않았습니다.

❻ 이것도 필요하지 않았습니다.

❼ 그것도 신선하지 않았습니다.

❽ 저것도 유명하지 않았습니까?

호텔에서 시내로 가는 교통편을 묻고 있다. 🎧 MP3 07-02

나
바스와 벤 리데스카
バスは べんりですか？

버스는 편리합니까？

호텔직원
이-에 바스와 벤리 쟈 아리마 셍
いいえ、バスは べんりじゃ ありません。

아니요, 버스는 편리하지 않습니다.

나
덴 샤 모 벤 리 쟈 아리마 셍카
でんしゃも べんりじゃ ありませんか？

전철도 편리하지 않습니까？

호텔직원
덴 샤 와 벤 리데스
でんしゃは べんりです。

전철은 편리합니다.

플러스 단어

바스
バス 버스 | **でんしゃ** 전철

덴 샤

오모시로이 니홍고

1) 다시: 맛국물
다시지루   다시
일본어로 '맛국물'이란 뜻의 だしじる(出し汁)의 준말 だし에서 유래된 말입니다.

2) 모찌: 찹쌀떡
모치
일본어로 '떡'이란 뜻의 もち(餅)에서 유래된 말입니다.

PART 08

칸   탄   나
かんたんな
니   홍   고   데   스
にほんごです

간단한 일본어입니다

💡 학습 목표

'な형용사한'과 같이 な형용사의 명사 수식형을 말할 수 있다.

💡 학습 포인트

☑ な형용사 + 한 = な형용사 + な

☑ な형용사한 + 명사입니다 = な형용사な + 명사です

💡 미리보기 🎧 MP3 08-01

칸 탄 데 스
かんたんです(簡単です) 간단합니다 | 벤 리 데 스
べんりです(便利です) 편리합니다 | 히 츠 요 데 스
ひつようです(必要です) 필요합니다

신 센 데 스
しんせんです(新鮮です) 신선합니다 | 니 홍 고
にほんご(日本語) 일본어 | 덴 샤
でんしゃ(電車) 전철 | 비 루
ビール 맥주

스 키 데 스
すきです(好きです) 좋아합니다 | 유 메 데 스
ゆうめいです(有名です) 유명합니다

01 | **な형용사의 명사 수식**

な형용사 + 한 = **な**형용사 + **な**

✈ '**な**형용사です'에서 '**です**'를 지우고 '**な**'를 붙이면 '~한'이라는 명사를 수식하는 표현이 됩니다.

간단한 = **かんたんな**
칸 탄 나

....

편리한 = **べんりな**
벤 리 나

....

필요한 = **ひつような**
히 츠 요 - 나

....

신선한 = **しんせんな**
신 센 나

....

02 な형용사의 명사 수식 문장

な형용사한 + 명사입니다 = な형용사な + 명사です

な형용사가 명사를 수식하는 문장을 완성할 수 있습니다.

간단한 일본어입니다. = かんたんな にほんごです。

편리한 전철입니다. = べんりな でんしゃです。

필요한 일본어입니다. = ひつような にほんごです。

신선한 맥주입니다. = しんせんな ビールです。

연습하기 👄

문장 구조를 반복해서 연습해 보자.

❶ 간단한 일본어입니다.
칸 탄 나 니 홍 고 데 스
かんたんな にほんごです。

❷ 편리한 일본어입니다.
벤 리 나 니 홍 고 데 스
べんりな にほんごです。

❸ 좋아하는 일본어입니다.
스 키 나 니 홍 고 데 스
すきな にほんごです。

❹ 필요한 일본어입니까?
히 츠 요 - 나 니 홍 고 데 스 카
ひつような にほんごですか?

❺ 간단한 전철입니다.
칸 탄 나 덴 샤 데 스
かんたんな でんしゃです。

❻ 편리한 전철입니다.
벤 리 나 덴 샤 데 스
べんりな でんしゃです。

❼ 유명한 전철입니까?
유 - 메 - 나 덴 샤 데 스 카
ゆうめいな でんしゃですか?

❽ 신선한 맥주입니다.
신 센 나 비 - 루 데 스
しんせんな ビールです。

❾ 유명한 맥주입니다.
유 - 메 - 나 비 - 루 데 스
ゆうめいな ビールです。

❿ 좋아하는 맥주입니까?
스 키 나 비 - 루 데 스 카
すきな ビールですか?

문장 구조를 **1초 만에 해석**해 보자.

① かんたんな にほんごです。

② べんりな にほんごです。

③ すきな にほんごです。

④ ひつような にほんごですか?

⑤ かんたんな でんしゃです。

⑥ べんりな でんしゃです。

⑦ ゆうめいな でんしゃですか?

⑧ しんせんな ビールです。

⑨ ゆうめいな ビールです。

⑩ すきな ビールですか?

문장 구조를 **1초 만에 일본어**로 말해 보자.

① 간단한 일본어입니다.

② 편리한 일본어입니다.

③ 좋아하는 일본어입니다.

④ 필요한 일본어입니까?

⑤ 간단한 전철입니다.

⑥ 편리한 전철입니다.

⑦ 유명한 전철입니까?

⑧ 신선한 맥주입니다.

⑨ 유명한 맥주입니다.

⑩ 좋아하는 맥주입니까?

응용표현

이것/그것/저것 + 은/도 + な형용사한 명사입니다
= これ/それ/あれ + は/も + な형용사な 명사です

코 레 소 레 아 레   와 모   나   나   데 스

* 지시대명사에 '~은(는)'이라는 뜻의 조사 'は'나 '~도'라는 뜻의 조사 'も'가 연결되어 문장을 만들 수 있습니다.

문장을 확장해 보자.

❶ 이것은 신선한 맥주입니다.

코 레 와   신 센 나 비 - 루 데 스
これは しんせんな ビールです。

❷ 그것은 유명한 맥주입니다.

소 레 와 유 - 메 - 나 비 - 루 데 스
それは ゆうめいな ビールです。

❸ 저것은 좋아하는 맥주입니다.

아 레 와   스 키 나 비 - 루 데 스
あれは すきな ビールです。

❹ 이것은 신선한 맥주입니까?

코 레 와   신 센 나 비 - 루 데 스 카
これは しんせんな ビールですか?

❺ 그것도 유명한 맥주입니다.

소 레 모 유 - 메 - 나 비 - 루 데 스
それも ゆうめいな ビールです。

❻ 저것도 좋아하는 맥주입니다.

아 레 모 스 키 나 비 - 루 데 스
あれも すきな ビールです。

❼ 이것도 신선한 맥주입니다.

코 레 모   신 센 나 비 - 루 데 스
これも しんせんな ビールです。

❽ 그것도 유명한 맥주입니까?

소 레 모 유 - 메 - 나 비 - 루 데 스 카
それも ゆうめいな ビールですか?

문장 구조를 1초 만에 해석해 보자.

❶ これは しんせんな ビールです。
코 레 와 신 센 나 비 - 루 데 스

❷ それは ゆうめいな ビールです。
소 레 와 유 - 메 - 나 비 - 루 데 스

❸ あれは すきな ビールです。
아 레 와 스 키 나 비 - 루 데 스

❹ これは しんせんな ビールですか？
코 레 와 신 센 나 비 - 루 데 스 카

❺ それも ゆうめいな ビールです。
소 레 모 유 - 메 - 나 비 - 루 데 스

❻ あれも すきな ビールです。
아 레 모 스 키 나 비 - 루 데 스

❼ これも しんせんな ビールです。
코 레 모 신 센 나 비 - 루 데 스

❽ それも ゆうめいな ビールですか？
소 레 모 유 - 메 - 나 비 - 루 데 스 카

문장 구조를 1초 만에 일본어로 말해 보자.

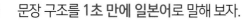

❶ 이것은 신선한 맥주입니다.

❷ 그것은 유명한 맥주입니다.

❸ 저것은 좋아하는 맥주입니다.

❹ 이것은 신선한 맥주입니까?

❺ 그것도 유명한 맥주입니다.

❻ 저것도 좋아하는 맥주입니다.

❼ 이것도 신선한 맥주입니다.

❽ 그것도 유명한 맥주입니까?

호텔직원에게 유명한 라면 가게를 묻고 있다. 🎧 MP3 08-02

나 　　유 - 메 - 나 라 - 멩 야 와 도 코 데 스 카
ゆうめいな ラーメンやは どこですか？

유명한 라면 가게는 어디입니까?

호텔직원 아 소 코 데 스
あそこです。

저기입니다.

나 　　아 　유 - 메 - 데 스 카
あ、ゆうめいですか？

아, 유명합니까?

호텔직원 하 이 　토 테 모 유 - 메 - 데 스
はい、とても ゆうめいです。

네, 매우 유명합니다.

플러스 단어

라 - 멩 야
ラーメンや(ラーメン屋) 라면 가게 ㅣ 아 소 코
あそこ 저기 ㅣ 토 테 모
とても 매우

오모시로이 니홍고

1) 아싸리: 아예, 차라리
일본어로 '산뜻하게, 시원하게'란 뜻의 あっさり에서 유래된 말입니다.
(앗사리)

2) 아다리: 시기, 기회
일본어로 '명중, 당첨, 성공'이란 뜻의 あたり(当たり)에서 유래된 말입니다.
(아타리)

PART 09

<ruby>お<rt>오</rt></ruby><ruby>い<rt>이</rt></ruby><ruby>し<rt>시</rt></ruby><ruby>い<rt>이</rt></ruby><ruby>で<rt>데</rt></ruby><ruby>す<rt>스</rt></ruby>

おいしいです

맛있습니다

🔖 학습 목표

'い형용사습니다'라는 い형용사의 현재 긍정문, 'い형용사였습니다'라는 い형용사의 과거 긍정문을
말할 수 있다.

🔖 학습 포인트

☑ い형용사 + 습니다 = い형용사 + です

☑ い형용사 + 였습니다 = い형용사(い) + かったです

☑ 이곳/그곳/저곳 + 은 + い형용사습니다/였습니다
　= ここ/そこ/あそこ + は + い형용사です/(い)かったです

🔖 미리보기 🎧 MP3 09-01

おいしいです(美味しいです) 맛있습니다 | かわいいです(可愛いです) 귀엽습니다

さむいです(寒いです) 춥습니다 | あついです(暑いです) 덥습니다 | たかいです(高いです) 비쌉니다

やすいです(安いです) 쌉니다 | ケーキ 케이크 | ビール 맥주

01 │ い형용사의 현재 긍정

い형용사 + 습니다 = い형용사 + です
_이　　　　　　　　　_이　　　_{데 스}

い형용사에 '~습니다'라는 뜻의 일본어 'です'를 연결하면 い형용사의 현재 긍정문이 됩니다. 또한 말 끝에 'か'를 붙이면 '~습니까?'라는 의문문이 됩니다.

맛있습니다. = おいしいです。
　　　　　　　オ 이 시 - 데 스

귀엽습니까? = かわいいですか?
　　　　　　　카 와 이 - 데 스 카

02 │ い형용사의 과거 긍정

い형용사 + 였습니다 = い형용사(ぃ) + かったです
_이　　　　　　　　　_이　_이　　_{칸 타 데 스}

い형용사 끝의 'い'를 지우고 '~였습니다'라는 뜻의 일본어 'かったです'를 붙여주면 い형용사의 과거 긍정문이 됩니다. 마찬가지로 말 끝에 'か'를 붙이면 '~였습니까?'라는 의문문이 됩니다.

맛있었습니다. = おいしかったです。
　　　　　　　　オ 이 시 칸 타 데 스

귀여웠습니까? = かわいかったですか?
　　　　　　　　카 와 이 칸 타 데 스 카

03 지시대명사를 포함한 い형용사 긍정문

이곳/그곳/저곳 + 은 + い형용사습니다/였습니다
코 코 소 코 아소코 와 이 데 스 이 칻타데스
= ここ/そこ/あそこ + は + い형용사です/(い)かったです

지시대명사 '이곳', '그곳', '저곳' 등에 주격조사 'は'를 연결한 '이곳은', '그곳은', '저곳은' 등을 붙여 い형용사 문장을 완성할 수 있습니다.

코 코 와 사 무 이 데 스
이곳은 춥습니다. = ここは さむいです。

소 코 와 아 츠 칻 타 데 스
그곳은 더웠습니다. = そこは あつかったです。

아 소 코 와 사 무 이 데 스 카
저곳은 춥습니까? = あそこは さむいですか？

코 코 와 아 츠 칻 타 데 스 카
이곳은 더웠습니까? = ここは あつかったですか？

문장 구조를 반복해서 연습해 보자.

❶ 맛있습니다.

_{오 이 시 - 데 스}
おいしいです。

❷ 귀엽습니다.

_{카 와 이 - 데 스}
かわいいです。

❸ 비쌉니까?

_{타 카 이 데 스 카}
たかいですか?

❹ 이곳은 춥습니다.

_{코 코 와 사 무 이 데 스}
ここは さむいです。

❺ 그곳은 덥습니까?

_{소 코 와 아 츠 이 데 스 카}
そこは あついですか?

❻ 맛있었습니다.

_{오 이 시 캇 타 데 스}
おいしかったです。

❼ 귀여웠습니다.

_{카 와 이 캇 타 데 스}
かわいかったです。

❽ 쌌습니까?

_{야 스 캇 타 데 스 카}
やすかったですか?

❾ 저곳은 추웠습니다.

_{아 소 코 와 사 무 캇 타 데 스}
あそこは さむかったです。

❿ 이곳은 더웠습니까?

_{코 코 와 아 츠 캇 타 데 스 카}
ここは あつかったですか?

문장 구조를 1초 만에 해석해 보자.

오 이 시 - 데 스
❶ おいしいです。

카 와 이 - 데 스
❷ かわいいです。

타 카 이 데 스 카
❸ たかいですか?

코 코 와 사 무 이 데 스
❹ ここは さむいです。

소 코 와 아 츠 이 데 스 카
❺ そこは あついですか?

오 이 시 칸 타 데 스
❻ おいしかったです。

카 와 이 칸 타 데 스
❼ かわいかったです。

야 스 칸 타 데 스 카
❽ やすかったですか?

아 소 코 와 사 무 칸 타 데 스
❾ あそこは さむかったです。

코 코 와 아 츠 칸 타 데 스 카
❿ ここは あつかったですか?

문장 구조를 1초 만에 일본어로 말해 보자.

❶ 맛있습니다.

❷ 귀엽습니다.

❸ 비쌉니까?

❹ 이곳은 춥습니다.

❺ 그곳은 덥습니까?

❻ 맛있었습니다.

❼ 귀여웠습니다.

❽ 쌌습니까?

❾ 저곳은 추웠습니다.

❿ 이곳은 더웠습니까?

응용하기

응용표현

이곳/그곳/저곳은 + 명사 + 이(가) + い형용사습니다/였습니다

= ここ/そこ/あそこは + 명사 + が + い형용사です/(い)かったです
코 코 소 코 아소코와   가 이   데 스 이 칸 타데스

* 명사에 '이(가)'를 뜻하는 주격조사 'が'를 붙여 문장을 만들 수 있습니다.

문장을 확장해 보자.

❶ 이곳은 케이크가 맛있습니다.
코 코 와 케 - 키 가 오 이 시 - 데 스
ここは ケーキが おいしいです。

❷ 그곳은 케이크가 비쌉니다.
소 코 와 케 - 키 가 타 카 이 데 스
そこは ケーキが たかいです。

❸ 저곳은 케이크가 쌉니다.
아 소 코 와 케 - 키 가 야 스 이 데 스
あそこは ケーキが やすいです。

❹ 이곳은 케이크가 맛있습니까?
코 코 와 케 - 키 가 오 이 시 - 데 스 카
ここは ケーキが おいしいですか?

❺ 그곳은 맥주가 비쌌습니다.
소 코 와 비 - 루 가 타 카 칻 타 데 스
そこは ビールが たかかったです。

❻ 저곳은 맥주가 쌌습니다.
아 소 코 와 비 - 루 가 야 스 칻 타 데 스
あそこは ビールが やすかったです。

❼ 이곳은 맥주가 맛있었습니다.
코 코 와 비 - 루 가 오 이 시 칻 타 데 스
ここは ビールが おいしかったです。

❽ 그곳은 맥주가 비쌌습니까?
소 코 와 비 - 루 가 타 카 칻 타 데 스 카
そこは ビールが たかかったですか?

문장 구조를 1초 만에 해석해 보자.

코 코 와 케 - 키 가 오 이 시 - 데 스
❶ ここは ケーキが おいしいです。

소 코 와 케 - 키 가 타 카 이 데 스
❷ そこは ケーキが たかいです。

아 소 코 와 케 - 키 가 야 스 이 데 스
❸ あそこは ケーキが やすいです。

코 코 와 케 - 키 가 오 이 시 - 데 스 카
❹ ここは ケーキが おいしいですか?

소 코 와 비 - 루 가 타 카 칻 타 데 스
❺ そこは ビールが たかかったです。

아 소 코 와 비 - 루 가 야 스 칻 타 데 스
❻ あそこは ビールが やすかったです。

코 코 와 비 - 루 가 오 이 시 칻 타 데 스
❼ ここは ビールが おいしかったです。

소 코 와 비 - 루 가 타 카 칻 타 데 스 카
❽ そこは ビールが たかかったですか?

문장 구조를 1초 만에 일본어로 말해 보자.

❶ 이곳은 케이크가 맛있습니다.

❷ 그곳은 케이크가 비쌉니다.

❸ 저곳은 케이크가 쌉니다.

❹ 이곳은 케이크가 맛있습니까?

❺ 그곳은 맥주가 비쌌습니다.

❻ 저곳은 맥주가 쌌습니다.

❼ 이곳은 맥주가 맛있었습니다.

❽ 그곳은 맥주가 비쌌습니까?

식당점원에게 추천메뉴를 묻고 있다. 🎧 MP3 09-02

나
코 코 와 나 니 가 오 이 시 - 데 스 카
ここは なにが おいしいですか？

여기는 무엇이 맛있습니까?

점원
미 소 라 - 멘 토 교 - 자 가 오 이 시 - 데 스
みそラーメンと ギョーザが おいしいです。

된장라면과 만두가 맛있습니다.

나
쟈 소 레 쿠 다 사 이
じゃ、それ ください。

그럼, 그것 주세요.

점원
하 이
はい。

네.

플러스 단어

みそ(味噌)ラーメン 된장라면 ┃ **ギョーザ** 만두 ┃ **じゃ** 그럼

오모시로이 니홍고

1) 야끼만두: 군만두
일본어로 '구이'란 뜻의 やき(焼き)에서 유래된 것이 만두와 합쳐진 말입니다.

2) 짬뽕: 중국식 국수 요리인 초마면
국수, 고기, 야채 등을 섞어 끓인 중국 요리 ちゃんぽん은 일본에서 유래된 말입니다.

PART 10

<ruby>오 이 시 쿠 아 리 마 셍</ruby>
おいしく ありません

맛있지 않습니다

💡 학습 목표

'い형용사지 않습니다'라는 い형용사의 현재 부정문, 'い형용사지 않았습니다'라는 い형용사의 과거 부정문을 말할 수 있다.

💡 학습 포인트

☑ い형용사 + 지 않습니다 = い형용사(い) + <ruby>쿠 아리마 셍</ruby> く ありません

☑ い형용사 + 지 않았습니다 = い형용사(い) + <ruby>쿠 아리마 센 데시타</ruby> く ありませんでした

💡 미리보기 🎧 MP3 10-01

<ruby>오이시-데스</ruby> おいしいです(美味しいです) 맛있습니다 | <ruby>카와이-데스</ruby> かわいいです(可愛いです) 귀엽습니다

<ruby>타카이데스</ruby> たかいです(高いです) 비쌉니다 | <ruby>야스이데스</ruby> やすいです(安いです) 쌉니다

<ruby>토-이데스</ruby> とおいです(遠いです) 멉니다 | <ruby>치카이데스</ruby> ちかいです(近いです) 가깝습니다 | あんパン 단팥빵 | <ruby>케 - 키</ruby> ケーキ 케이크

살펴보기 🔍

01 い형용사의 현재 부정

い형용사 + 지 않습니다 = い형용사(い) + く ありません

✈ い형용사 끝의 'い'를 지우고 '~지 않습니다'라는 뜻의 일본어 'く ありません'을 연결하면 い형용사의 현재 부정문이 됩니다. 또한 말 끝에 'か'를 붙이면 '~지 않습니까?'라는 의문문이 됩니다.

맛있지 않습니다. = おいしく ありません。

귀엽지 않습니다. = かわいく ありません。

비싸지 않습니까? = たかく ありませんか?

96 | 한권 한달 완성 일본어 말하기 Lv.1

い형용사 + 지 않았습니다 = い형용사(い) + くありませんでした

✈ い형용사 끝의 'い'를 지우고 '~지 않았습니다'라는 뜻의 일본어 'くありませんでした'를 연결하면 い형용사의 과거 부정문이 됩니다. 마찬가지로 말 끝에 'か'를 붙이면 '~지 않았습니까?'라는 의문문이 됩니다.

맛있지 않았습니다. = おいしく ありませんでした。

귀엽지 않았습니다. = かわいく ありませんでした。

비싸지 않았습니까? = たかく ありませんでしたか?

문장 구조를 반복해서 연습해 보자.

❶ 맛있지 않습니다.

오 이 시 쿠 아 리 마 셍
おいしく ありません。

❷ 비싸지 않습니다.

타 카 쿠 아 리 마 셍
たかく ありません。

❸ 싸지 않습니다.

야 스 쿠 아 리 마 셍
やすく ありません。

❹ 멀지 않습니다.

토 - 쿠 아 리 마 셍
とおく ありません。

❺ 가깝지 않습니까?

치 카 쿠 아 리 마 셍 카
ちかく ありませんか?

❻ 귀엽지 않았습니다.

카 와 이 쿠 아 리 마 셴 데 시 타
かわいく ありませんでした。

❼ 비싸지 않았습니다.

타 카 쿠 아 리 마 셴 데 시 타
たかく ありませんでした。

❽ 싸지 않았습니다.

야 스 쿠 아 리 마 셴 데 시 타
やすく ありませんでした。

❾ 멀지 않았습니다.

토 - 쿠 아 리 마 셴 데 시 타
とおく ありませんでした。

❿ 가깝지 않았습니까?

치 카 쿠 아 리 마 셴 데 시 타 카
ちかく ありませんでしたか?

문장 구조를 1초 만에 해석해 보자.

① 오이시쿠 아리마 셍
おいしく ありません。
....

② 타 카 쿠 아리마 셍
たかく ありません。
....

③ 야 스 쿠 아리마 셍
やすく ありません。
....

④ 토 - 쿠 아 리 마 셍
とおく ありません。
....

⑤ 치 카 쿠 아 리 마 셍 카
ちかく ありませんか?
....

⑥ 카 와 이 쿠 아 리 마 셍 데 시 타
かわいく ありませんでした。
....

⑦ 타 카 쿠 아 리 마 셍 데 시 타
たかく ありませんでした。
....

⑧ 야 스 쿠 아 리 마 셍 데 시 타
やすく ありませんでした。
....

⑨ 토 - 쿠 아 리 마 셍 데 시 타
とおく ありませんでした。
....

⑩ 치 카 쿠 아 리 마 셍 데 시 타 카
ちかく ありませんでしたか?
....

문장 구조를 1초 만에 일본어로 말해 보자.

① 맛있지 않습니다.
....

② 비싸지 않습니다.
....

③ 싸지 않습니다.
....

④ 멀지 않습니다.
....

⑤ 가깝지 않습니까?
....

⑥ 귀엽지 않았습니다.
....

⑦ 비싸지 않았습니다.
....

⑧ 싸지 않았습니다.
....

⑨ 멀지 않았습니다.
....

⑩ 가깝지 않았습니까?
....

응용표현

명사 + 이(가) + い형용사지 않습니다/않았습니다

= 명사 + が + い형용사(い)くありません/くありませんでした
　　　　　　 가　이　　　이쿠아리마 셍 쿠아리마 셍 데시타

* 명사에 '~이(가)'를 뜻하는 주격조사 'が'를 사용해 문장을 만들 수 있습니다.

❄ 문장을 확장해 보자.

❶ 단팥빵이 비싸지 않습니다.

あんパンが たかく ありません。
암　팡　가　타카쿠아리마 셍

❷ 단팥빵이 싸지 않습니다.

あんパンが やすく ありません。
암　팡　가　야스쿠아리마 셍

❸ 단팥빵이 맛있지 않습니다.

あんパンが おいしく ありません。
암　팡　가　오이시쿠아리마 셍

❹ 단팥빵이 맛있지 않습니까?

あんパンが おいしく ありませんか?
암　팡　가　오이시쿠아리마 셍 카

❺ 케이크가 비싸지 않았습니다.

ケーキが たかく ありませんでした。
케 - 키 가　타카쿠아리마 셍 데시타

❻ 케이크가 싸지 않았습니다.

ケーキが やすく ありませんでした。
케 - 키 가　야스쿠아리마 셍 데시타

❼ 케이크가 맛있지 않았습니다.

ケーキが おいしく ありませんでした。
케 - 키 가　오이시쿠아리마 셍 데시타

❽ 케이크가 맛있지 않았습니까?

ケーキが おいしく ありませんでしたか?
케 - 키 가　오이시쿠아리마 셍 데시타 카

문장 구조를 1초 만에 해석해 보자.

❶ 앙 팡 가 타 카 쿠 아 리 마 셍
あんパンが たかく ありません。

❷ 앙 팡 가 야 스 쿠 아 리 마 셍
あんパンが やすく ありません。

❸ 앙 팡 가 오 이 시 쿠 아 리 마 셍
あんパンが おいしく ありません。

❹ 앙 팡 가 오 이 시 쿠 아 리 마 셍 카
あんパンが おいしく ありませんか?

❺ 케 - 키 가 타 카 쿠 아 리 마 셍 데 시 타
ケーキが たかく ありませんでした。

❻ 케 - 키 가 야 스 쿠 아 리 마 셍 데 시 타
ケーキが やすく ありませんでした。

❼ 케 - 키 가 오 이 시 쿠 아 리 마 셍 데 시 타
ケーキが おいしく ありませんでした。

❽ 케 - 키 가 오 이 시 쿠 아 리 마 셍 데 시 타 카
ケーキが おいしく ありませんでしたか?

문장 구조를 1초 만에 일본어로 말해 보자.

❶ 단팥빵이 비싸지 않습니다.

❷ 단팥빵이 싸지 않습니다.

❸ 단팥빵이 맛있지 않습니다.

❹ 단팥빵이 맛있지 않습니까?

❺ 케이크가 비싸지 않았습니다.

❻ 케이크가 싸지 않았습니다.

❼ 케이크가 맛있지 않았습니다.

❽ 케이크가 맛있지 않았습니까?

말해보기

여행 안내소 직원에게 쇼핑몰의 위치를 물어보고 있다. 🎧 MP3 10-02

나
스미마셍 유-메-나 숍 핑 구모 - 루와
すみません、ゆうめいな ショッピングモールは
도 코 데 스 카
どこですか? 실례합니다, 유명한 쇼핑몰은 어디입니까?

안내소직원 (지도를 가리키며)
코 코 데 스
ここです。 여기입니다.

나
토 - 이데스카
とおいですか?

멉니까?

안내소직원
이 - 에 토 - 쿠 아 리 마 셍
いいえ、とおく ありません。

아니요, 멀지 않습니다.

나
아 리 가 토 - 고 자 이 마 스
ありがとうございます。

감사합니다.

플러스 단어

숍 핑 구모 - 루
ショッピングモール 쇼핑몰 | **どこ** 어디 | **ここ** 여기

오모시로이 니홍고

초밥

초밥은 전 세계적으로 가장 사랑 받는 일본 음식 중 하나예요. 기본적으로 담백한 흰 살 생선부터 기름진 붉은 살 생선이나 어패류, 마지막으로 달콤한 계란말이 등이 올라간 종류의 순서로 먹는다고 합니다. 먹을 때의 한가지 팁은 간장에 찍을 때 밥 부분이 아닌 위에 올라간 재료(생선, 계란 등)만 찍어 먹는 것이라고 해요!

실력업그레이드2

✎ PART 06에서 PART 10까지 배웠던 문형을 복습해 봅시다.

PART 06 かんたんです

- な형용사 + 합니다 = な형용사 + です
- な형용사 + 했습니다 = な형용사 + でした
- 이것/그것/저것 + 은 + な형용사합니다/했습니다 = これ/それ/あれ + は + な형용사です/でした

PART 07 かんたんじゃ ありません

- な형용사 + 하지 않습니다 = な형용사 + じゃ ありません
- な형용사 + 하지 않았습니다 = な형용사 + じゃ ありませんでした
- 이것/그것/저것 + 은 + な형용사하지 않습니다/하지 않았습니다
  = これ/それ/あれ + は + な형용사じゃ ありません/じゃ ありませんでした

PART 08 かんたんな にほんごです

- な형용사 + 한 = な형용사 + な
- な형용사한 + 명사입니다 = な형용사な + 명사です

PART 09 おいしいです

- い형용사 + 습니다 = い형용사 + です
- い형용사 + 였습니다 = い형용사(い) + かったです
- 이곳/그곳/저곳 + 은 + い형용사습니다/였습니다 = ここ/そこ/あそこ + は + い형용사です/(い)かったです

PART 10 おいしくありません

- い형용사 + 지 않습니다 = い형용사(い) + く ありません
- い형용사 + 지 않았습니다 = い형용사(い) + く ありませんでした

실력 업그레이드 2 | **103**

앞에서 배웠던 문형에 추가 단어들을 적용해 연습해 봅시다.

읽는 법	한자	품사	뜻
카 노 죠 かのじょ	彼女	명사	그녀
키 레 - 데 스 きれいです	綺麗です	な형용사	예쁩니다, 깨끗합니다
카 레 かれ	彼	명사	그
스 테 키 데 스 すてきです	素敵です	な형용사	멋집니다, 근사합니다
테 - 네 - 데 스 ていねいです	丁寧です	な형용사	정중합니다, 공손합니다
후 시 기 데 스 ふしぎです	不思議です	な형용사	이상합니다, 신기합니다
쥬 - 분 데 스 じゅうぶんです	十分です	な형용사	충분합니다
립 파 데 스 りっぱです	立派です	な형용사	훌륭합니다
스 나 오 데 스 すなおです	素直です	な형용사	솔직합니다
마 지 메 데 스 まじめです	真面目です	な형용사	성실합니다
겡 키 데 스 げんきです	元気です	な형용사	건강합니다
니 기 야 카 데 스 にぎやかです	賑やかです	な형용사	번화합니다, 활기찹니다
신 세 츠 데 스 しんせつです	親切です	な형용사	친절합니다
미 세 みせ	店	명사	가게
스 키 데 스 すきです	好きです	な형용사	좋아합니다
히 마 데 스 ひまです	暇です	な형용사	한가합니다
죠 - 힌 데 스 じょうひんです	上品です	な형용사	고상합니다
메 - 와 쿠 데 스 めいわくです	迷惑です	な형용사	민폐입니다
이 야 데 스 いやです	嫌です	な형용사	싫습니다
이 로 いろ	色	명사	색깔
하 데 데 스 はでです	派手です	な형용사	화려합니다

읽는 법	한자	품사	뜻
_{지 미 데 스} じみです	地味です	な형용사	수수합니다
_{후 벤 데 스} ふべんです	不便です	な형용사	불편합니다
_{후 신 세 츠 데 스} ふしんせつです	不親切です	な형용사	불친절합니다
_{다 이 지 데 스} だいじです	大事です	な형용사	중요합니다, 소중합니다
_{히 츠 요 - 데 스} ひつようです	必要です	な형용사	필요합니다
_{후 쿠 자 츠 데 스} ふくざつです	複雑です	な형용사	복잡합니다
_{시 아 와 세 데 스} しあわせです	幸せです	な형용사	행복합니다
_{코 토} こと	事	명사	일, 것
_{히 토} ひと	人	명사	사람
_{칸 탄 데 스} かんたんです	簡単です	な형용사	간단합니다
_{헤 - 본 데 스} へいぼんです	平凡です	な형용사	평범합니다
_{타 시 카 데 스} たしかです	確かです	な형용사	확실합니다
_{오 샤 레 데 스} おしゃれです		な형용사	멋집니다, 세련됐습니다
_{하 루} はる	春	명사	봄
_{나 츠} なつ	夏	명사	여름
_{아 키} あき	秋	명사	가을
_{후 유} ふゆ	冬	명사	겨울
_{아 타 타 카 이 데 스} あたたかいです	暖かいです	い형용사	따뜻합니다
_{아 츠 이 데 스} あついです	暑いです	い형용사	덥습니다
_{스 즈 시 - 데 스} すずしいです	涼しいです	い형용사	시원합니다
_{사 무 이 데 스} さむいです	寒いです	い형용사	춥습니다

읽는 법	한자	품사	뜻
_{라 - 멩} ラーメン		명사	라면
_{숍 파 이 데 스} しょっぱいです	塩っぱいです	い형용사	짭니다
_{마 즈 이 데 스} まずいです		い형용사	맛없습니다
_{카 라 이 데 스} からいです	辛いです	い형용사	맵습니다
_{오 사 케} おさけ	お酒	명사	술
_{츠 요 이 데 스} つよいです	強いです	い형용사	강합니다
_{요 와 이 데 스} よわいです	弱いです	い형용사	약합니다
_{니 가 이 데 스} にがいです	苦いです	い형용사	씁니다
_{호 테 루} ホテル		명사	호텔
_{히 로 이 데 스} ひろいです	広いです	い형용사	넓습니다
_{세 마 이 데 스} せまいです	狭いです	い형용사	좁습니다
_{후 루 이 데 스} ふるいです	古いです	い형용사	낡았습니다
_쿄 きょう	今日	명사	오늘
_{무 시 아 츠 이 데 스} むしあついです	蒸し暑いです	い형용사	매우 덥습니다
_{이 소 가 시 - 데 스} いそがしいです	忙しいです	い형용사	바쁩니다
_{키 노 -} きのう	昨日	명사	어제
_{숩 파 이 데 스} すっぱいです	酸っぱいです	い형용사	십니다
_홍 ほん	本	명사	책
_{코 와 이 데 스} こわいです	怖いです	い형용사	무섭습니다
_{카 나 시 - 데 스} かなしいです	悲しいです	い형용사	슬픕니다
_{오 모 시 로 이 데 스} おもしろいです	面白いです	い형용사	재밌습니다

PART 11

<ruby>오 이 시 - 라 - 멘 데 스</ruby>

おいしい ラーメンです

맛있는 라면입니다

🔩 학습 목표

'い형용사한'과 같이 い형용사의 명사 수식형을 말할 수 있다.

🔩 학습 포인트

☑️ い형용사 + 한 + 명사 = い형용사 + 명사

☑️ い형용사한 + 명사입니다 = い형용사 + 명사です

🔩 미리보기 🎧 MP3 11-01

<ruby>오 이 시 - 데 스</ruby>
おいしいです(美味しいです) 맛있습니다 | <ruby>라 - 멩</ruby> **ラーメン** 라면 | <ruby>케 - 키</ruby> **ケーキ** 케이크

<ruby>카 와 이 - 데 스</ruby>
かわいいです(可愛いです) 귀엽습니다 | <ruby>왐 피 스</ruby> **ワンピース** 원피스 | <ruby>야 스 이 데 스</ruby> **やすいです(安いです)** 쌉니다

<ruby>사 무 이 데 스</ruby>
さむいです(寒いです) 춥습니다 | <ruby>헤 야</ruby> **へや(部屋)** 방 | <ruby>오 - 키 - 데 스</ruby> **おおきいです(大きいです)** 큽니다 | <ruby>사 이 즈</ruby> **サイズ** 사이즈

<ruby>타 카 이 데 스</ruby>
たかいです(高いです) 비쌉니다 | <ruby>아 츠 이 데 스</ruby> **あついです(暑いです)** 덥습니다 | <ruby>치 - 사 이 데 스</ruby> **ちいさいです(小さいです)** 작습니다

<ruby>토 테 모</ruby>
とても 매우 | <ruby>아 마 리</ruby> **あまり** 그다지

01 い형용사의 명사 수식

い형용사 + 한 + 명사 = い형용사 + 명사

✈ 'い형용사です'에서 'です'를 지우면 '~한'이라는 명사를 수식하는 표현이 됩니다.

맛있는 케이크 = おいしい ケーキ

귀여운 원피스 = かわいい ワンピース

싼 라면 = やすい ラーメン

추운 방 = さむい へや

い형용사한 + 명사입니다 = い형용사 + 명사です

い형용사가 명사를 수식하는 문장을 완성할 수 있습니다.

맛있는 케이크입니다. = おいしい ケーキです。
오 이 시 - 케 - 키 데 스

귀여운 원피스입니다. = かわいい ワンピースです。
카 와 이 - 왐 피 - 스 데 스

싼 라면입니다. = やすい ラーメンです。
아 스 이 라 - 멘 데 스

추운 방입니다. = さむい へやです。
사 무 이 헤 야 데 스

문장 구조를 반복해서 연습해 보자.

❶ 맛있는 케이크입니다.

오 이 시 - 케 - 키 데 스
おいしい ケーキです。

❷ 귀여운 원피스입니다.

카 와 이 - 왐 피 - 스 데 스
かわいい ワンピースです。

❸ 싼 라면입니다.

야 스 이 라 - 멘 데 스
やすい ラーメンです。

❹ 추운 방입니다.

사 무 이 헤 야 데 스
さむい へやです。

❺ 큰 사이즈입니까?

오 - 키 - 사 이 즈 데 스 카
おおきい サイズですか?

❻ 맛있는 라면입니다.

오 이 시 - 라 - 멘 데 스
おいしい ラーメンです。

❼ 귀여운 케이크입니다.

카 와 이 - 케 - 키 데 스
かわいい ケーキです。

❽ 비싼 원피스입니다.

타 카 이 왐 피 - 스 데 스
たかい ワンピースです。

❾ 더운 방입니다.

아 츠 이 헤 야 데 스
あつい へやです。

❿ 작은 사이즈입니까?

치 - 사 이 사 이 즈 데 스 카
ちいさい サイズですか?

문장 구조를 1초 만에 해석해 보자.

① おいしい ケーキです。
오 이 시 - 케 - 키 데 스

② かわいい ワンピースです。
카 와 이 - 왐 피 - 스 데 스

③ やすい ラーメンです。
야 스 이 라 - 멘 데 스

④ さむい へやです。
사 무 이 헤 야 데 스

⑤ おおきい サイズですか?
오 - 키 - 사 이 즈 데 스 카

⑥ おいしい ラーメンです。
오 이 시 - 라 - 멘 데 스

⑦ かわいい ケーキです。
카 와 이 - 케 - 키 데 스

⑧ たかい ワンピースです。
타 카 이 왐 피 - 스 데 스

⑨ あつい へやです。
아 츠 이 헤 야 데 스

⑩ ちいさい サイズですか?
치 - 사 이 사 이 즈 데 스 카

문장 구조를 1초 만에 일본어로 말해 보자.

① 맛있는 케이크입니다.

② 귀여운 원피스입니다.

③ 싼 라면입니다.

④ 추운 방입니다.

⑤ 큰 사이즈입니까?

⑥ 맛있는 라면입니다.

⑦ 귀여운 케이크입니다.

⑧ 비싼 원피스입니다.

⑨ 더운 방입니다.

⑩ 작은 사이즈입니까?

응용하기

응용표현

매우/그다지 + **い**형용사한 명사입니다/이(가) 아닙니다
= とても/あまり + **い**형용사 명사**です/じゃありません**

* '매우, 아주'라는 뜻의 부사 'とても'는 뒤에 긍정문이 오고, '그다지, 별로'라는 뜻의 부사 'あまり'는 뒤에 부정문이
옵니다.

문장을 확장해 보자.

❶ 매우 추운 방입니다.　　　とても さむい へやです。

❷ 매우 더운 방입니다.　　　とても あつい へやです。

❸ 매우 작은 방입니다.　　　とても ちいさい へやです。

❹ 매우 큰 방입니까?　　　とても おおきい へやですか?

❺ 그다지 추운 방이 아닙니다.　　　あまり さむい へやじゃ ありません。

❻ 그다지 더운 방이 아닙니다.　　　あまり あつい へやじゃ ありません。

❼ 그다지 작은 방이 아닙니다.　　　あまり ちいさい へやじゃ ありません。

❽ 그다지 큰 방이 아닙니까?　　　あまり おおきい へやじゃ ありませんか?

문장 구조를 1초 만에 해석해 보자.

❶ <ruby>とても<rt>토테모</rt></ruby> <ruby>さむい<rt>사무이</rt></ruby> <ruby>へやです。<rt>헤야데스</rt></ruby>

❺ <ruby>あまり<rt>아마리</rt></ruby> <ruby>さむい<rt>사무이</rt></ruby> <ruby>へやじゃ<rt>헤야 쟈</rt></ruby> <ruby>ありません。<rt>아리마 셍</rt></ruby>

❷ <ruby>とても<rt>토테모</rt></ruby> <ruby>あつい<rt>아츠이</rt></ruby> <ruby>へやです。<rt>헤야네스</rt></ruby>

❻ <ruby>あまり<rt>아마리</rt></ruby> <ruby>あつい<rt>아스이</rt></ruby> <ruby>へやじゃ<rt>헤야 쟈</rt></ruby> <ruby>ありません。<rt>아리마 셍</rt></ruby>

❸ <ruby>とても<rt>토테모</rt></ruby> <ruby>ちいさい<rt>치-사이</rt></ruby> <ruby>へやです。<rt>헤야데스</rt></ruby>

❼ <ruby>あまり<rt>아마리</rt></ruby> <ruby>ちいさい<rt>치-사이</rt></ruby> <ruby>へやじゃ<rt>헤야 쟈</rt></ruby> <ruby>ありません。<rt>아리마 셍</rt></ruby>

❹ <ruby>とても<rt>토테모</rt></ruby> <ruby>おおきい<rt>오-키-</rt></ruby> <ruby>へやですか?<rt>헤야데스카</rt></ruby>

❽ <ruby>あまり<rt>아마리</rt></ruby> <ruby>おおきい<rt>오-키-</rt></ruby> <ruby>へやじゃ<rt>헤야 쟈</rt></ruby> <ruby>ありませんか?<rt>아리마 셍 카</rt></ruby>

 문장 구조를 1초 만에 일본어로 말해 보자.

❶ 매우 추운 방입니다.

❺ 그다지 추운 방이 아닙니다.

❷ 매우 더운 방입니다.

❻ 그다지 더운 방이 아닙니다.

❸ 매우 작은 방입니다.

❼ 그다지 작은 방이 아닙니다.

❹ 매우 큰 방입니까?

❽ 그다지 큰 방이 아닙니까?

쇼핑하면서 점원에게 다른 사이즈를 요청하고 있다. 🎧 MP3 11-02

나 　カ ワ イ- ワン ピ-ス デス ネ コ レ エ ル サ イ ズ デス カ
　　かわいい ワンピースですね！ これ、Lサイズですか？

귀여운 원피스네요! 이거 L사이즈입니까?

점원 　イ-エ エ ム サ イ ズ デス
　　いいえ、Mサイズです。

아니요, M사이즈입니다.

나 　ジャ エ ル サ イ ズ オ ネ ガ イ シ マ ス
　　じゃ、Lサイズ おねがいします。

그럼, L사이즈 부탁합니다.

점원 　ハ イ
　　はい。

네.

플러스 단어

じゃ 그럼 | 　オ ネ ガ イ シ マ ス
　　　　　　おねがいします 부탁합니다

오모시로이 니홍고

1) 쿠사리: 핀잔, 면박
일본어로 '썩음, 부패'란 뜻의 くさり(腐り)에서 유래된 말입니다.

2) 소보루: 곰보빵
일본어로 '으깨어 뭉쳐 놓은 모양'이란 뜻의 そぼろ에서 유래된 말입니다.

PART 12

도 코 가   유 - 메 -
どこが ゆうめい
데 스 카
ですか?

어디가 유명합니까?

💡 학습 목표

'무엇이 형용사합니까?', '어디가 형용사합니까?', '언제가 형용사합니까?', '누가 형용사합니까?'와 같이 의문사를 사용하여 질문을 할 수 있다.

💡 학습 포인트

나   이   나 니 가 도 코 가   나   이   데 스 카
☑ 무엇이/어디가 + **な형용사/い형용사합니까? = なにが/どこが + な형용사/い형용사ですか?**

나   이   이 츠 가 다 레 가   나   이   데 스 카
☑ 언제가/누가 **な형용사/い형용사합니까? = いつが/だれが + な형용사/い형용사ですか?**

💡 미리보기 🎧 MP3 12-01

도 코   유 - 메 - 데 스   나 니   카 와 이 - 데 스
どこ 어디 | **ゆうめいです(有名です)** 유명합니다 | **なに(何)** 무엇 | **かわいいです(可愛いです)** 귀엽습니다

시 즈 카 데 스   우 루 사 이 데 스   이 츠   다 레
しずかです(静かです) 조용합니다 | **うるさいです** 시끄럽습니다 | **いつ** 언제 | **だれ(誰)** 누구

이 치 방
いちばん(一番) 가장, 제일

01 물건이나 장소를 묻는 의문사

무엇이 + **な형용사/い형용사**합니까? = ^나**なに**^가**が** + **な형용사/い형용사**^{데 스 카}**ですか?**

어디가 + **な형용사/い형용사**합니까? = ^{도 코 가}**どこが** + **な형용사/い형용사**^{데 스 카}**ですか?**

✈ 일본어로 물건을 묻는 '무엇'은 '^{나 니}**なに**', 장소를 묻는 '어디'는 '^{도 코}**どこ**'라고 합니다. 주격조사 '^가**が**'를 연결한 뒤, 형용사의 말 끝에 '^카**か**'를 붙여 의문문을 말할 수 있습니다.

무엇이 유명합니까? = ^{나 니 가 유 - 메 - 데 스 카}**なにが ゆうめいですか?**

무엇이 귀엽습니까? = ^{나 니 가 카 와 이 - 데 스 카}**なにが かわいいですか?**

어디가 조용합니까? = ^{도 코 가 시 즈 카 데 스 카}**どこが しずかですか?**

어디가 시끄럽습니까? = ^{도 코 가 우 루 사 이 데 스 카}**どこが うるさいですか?**

언제가 + **な형용사/い형용사**합니까? = いつが + **な형용사/い형용사**ですか?

누가 + **な형용사/い형용사**합니까? = だれが + **な형용사/い형용사**ですか?

일본어로 날짜를 묻는 '언제'는 'いつ', 사람을 묻는 '누구'는 'だれ'라고 합니다. 마찬가지로 주격조사 'が'를 연결한 뒤, 형용사의 말 끝에 'か'를 붙여 의문문을 말할 수 있습니다.

언제가 조용합니까? = いつが しずかですか?

언제가 시끄럽습니까? = いつが うるさいですか?

누가 유명합니까? = だれが ゆうめいですか?

누가 귀엽습니까? = だれが かわいいですか?

문장 구조를 반복해서 연습해 보자.

❶ 무엇이 유명합니까?

나 니 가 유 - 메 - 데 스 카
なにが ゆうめいですか?

❷ 무엇이 귀엽습니까?

나 니 가 카 와 이 - 데 스 카
なにが かわいいですか?

❸ 어디가 유명합니까?

도 코 가 유 - 메 - 데 스 카
どこが ゆうめいですか?

❹ 어디가 조용합니까?

도 코 가 시 즈 카 데 스 카
どこが しずかですか?

❺ 어디가 시끄럽습니까?

도 코 가 우 루 사 이 데 스 카
どこが うるさいですか?

❻ 언제가 귀엽습니까?

이 츠 가 카 와 이 - 데 스 카
いつが かわいいですか?

❼ 언제가 조용합니까?

이 츠 가 시 즈 카 데 스 카
いつが しずかですか?

❽ 언제가 시끄럽습니까?

이 츠 가 우 루 사 이 데 스 카
いつが うるさいですか?

❾ 누가 유명합니까?

다 레 가 유 - 메 - 데 스 카
だれが ゆうめいですか?

❿ 누가 귀엽습니까?

다 레 가 카 와 이 - 데 스 카
だれが かわいいですか?

문장 구조를 **1초 만에** 해석해 보자.

나 니 가 유 - 메 - 데 스 카
❶ なにが ゆうめいですか?
....

나 니 가 카 와 이 - 데 스 카
❷ なにが かわいいですか?
....

도 코 가 유 - 메 - 데 스 카
❸ どこが ゆうめいですか?
....

도 코 가 시 즈 카 데 스 카
❹ どこが しずかですか?
....

도 코 가 우 루 사 이 데 스 카
❺ どこが うるさいですか?
....

이 츠 가 카 와 이 - 데 스 카
❻ いつが かわいいですか?
....

이 츠 가 시 즈 카 데 스 카
❼ いつが しずかですか?
....

이 츠 가 우 루 사 이 데 스 카
❽ いつが うるさいですか?
....

다 레 가 유 - 메 - 데 스 카
❾ だれが ゆうめいですか?
....

다 레 가 카 와 이 - 데 스 카
❿ だれが かわいいですか?
....

문장 구조를 **1초 만에** 일본어로 말해 보자.

❶ 무엇이 유명합니까?
....

❷ 무엇이 귀엽습니까?
....

❸ 어디가 유명합니까?
....

❹ 어디가 조용합니까?
....

❺ 어디가 시끄럽습니까?
....

❻ 언제가 귀엽습니까?
....

❼ 언제가 조용합니까?
....

❽ 언제가 시끄럽습니까?
....

❾ 누가 유명합니까?
....

❿ 누가 귀엽습니까?
....

응용표현

무엇이/어디가/언제가/누가 + 가장 + ^나な형용사/^이い형용사합니까?

= ^{나 니 가}なにが/^{도 코 가}どこが/^{이 츠 가}いつが/^{다 레 가}だれが + ^{이 치 방}いちばん + ^나な형용사/^이い형용사^{데 스 카}ですか?

* 의문사와 함께 '가장, 제일'이라는 뜻을 나타내는 '^{이치방}いちばん'을 사용하여 가장 ~한지 물어볼 수 있습니다.

문장을 확장해 보자.

❶ 무엇이 가장 유명합니까?
^{나 니 가 이 치 방 유 - 메 - 데 스 카}
なにが いちばん ゆうめいですか?

❷ 무엇이 가장 귀엽습니까?
^{나 니 가 이 치 방 카 와 이 - 데 스 카}
なにが いちばん かわいいですか?

❸ 어디가 가장 조용합니까?
^{도 코 가 이 치 방 시 즈 카 데 스 카}
どこが いちばん しずかですか?

❹ 어디가 가장 시끄럽습니까?
^{도 코 가 이 치 방 우 루 사 이 데 스 카}
どこが いちばん うるさいですか?

❺ 언제가 가장 조용합니까?
^{이 츠 가 이 치 방 시 즈 카 데 스 카}
いつが いちばん しずかですか?

❻ 언제가 가장 시끄럽습니까?
^{이 츠 가 이 치 방 우 루 사 이 데 스 카}
いつが いちばん うるさいですか?

❼ 누가 가장 유명합니까?
^{다 레 가 이 치 방 유 - 메 - 데 스 카}
だれが いちばん ゆうめいですか?

❽ 누가 가장 귀엽습니까?
^{다 레 가 이 치 방 카 와 이 - 데 스 카}
だれが いちばん かわいいですか?

문장 구조를 1초 만에 해석해 보자.

❶ 나니가 이치방 유-메-데스카
なにが いちばん ゆうめいですか?

....

❷ 나니가 이치방 카와이-데스카
なにが いちばん かわいいですか?

....

❸ 도코가 이치방 시즈카데스카
どこが いちばん しずかですか?

....

❹ 도코가 이치방 우루사이데스카
どこが いちばん うるさいですか?

....

❺ 이츠가 이치방 시즈카데스카
いつが いちばん しずかですか?

....

❻ 이츠가 이치방 우루사이데스카
いつが いちばん うるさいですか?

....

❼ 다레가 이치방 유-메-데스카
だれが いちばん ゆうめいですか?

....

❽ 다레가 이치방 카와이-데스카
だれが いちばん かわいいですか?

....

문장 구조를 1초 만에 일본어로 말해 보자.

❶ 무엇이 가장 유명합니까?

....

❷ 무엇이 가장 귀엽습니까?

....

❸ 어디가 가장 조용합니까?

....

❹ 어디가 가장 시끄럽습니까?

❺ 언제가 가장 조용합니까?

....

❻ 언제가 가장 시끄럽습니까?

....

❼ 누가 가장 유명합니까?

....

❽ 누가 가장 귀엽습니까?

지나가는 행인에게 맛집에 대해 물어보고 있다. 🎧 MP3 12-02

나
스 미 마 셍   스 시 와 도 코 가 이 치 방   오 이 시 - 데 스 카
すみません。すしはどこがいちばん おいしいですか？

실례합니다. 초밥은 어디가 제일 맛있습니까?

행인
우 오 신 가 이 치 방   오 이 시 - 데 스
ウオシンがいちばん おいしいです。

우오신이 가장 맛있습니다.

나
우 오 신 와 타 카 이 데 스 카
ウオシンはたかいですか？

우오신은 비쌉니까?

행인
이 - 에   아 마 리 타 카 쿠 아 리 마 셍
いいえ、あまり たかく ありません。

아니요, 그다지 비싸지 않습니다.

플러스 단어

스 시
すし(寿司) 초밥 │ 오 이 시 - 데 스
おいしいです(美味しいです) 맛있습니다 │ 타 카 이 데 스
たかいです(高いです) 비쌉니다

오모시로이 니홍고

1) 앙꼬: 팥소

일본어로 '떡이나 빵 안에 든 팥소'란 뜻의 あんこ에서 유래된 말입니다.
(앙 코)

2) 소데나시: 민소매 옷

일본어로 袖(소매)와 無し(없음)가 합쳐진 そでなし(袖無し)에서 유래된 말입니다.
(소데)   (나시)   (소 데 나 시)

<ruby>신<rt></rt></ruby> <ruby>센<rt></rt></ruby> <ruby>데<rt></rt></ruby> <ruby>스<rt></rt></ruby> <ruby>가<rt></rt></ruby>

しんせんですが

타 카 이 데 스

たかいです

🌿 신선합니다만 비쌉니다

🎍 **학습 목표**

'~다만, ~지만'의 뜻을 가진 역접의 조사 '**が**'를 이용해 형용사의 문장을 연결시킬 수 있다.

🎍 **학습 포인트**

- ☑ **な**형용사합니다/**い**형용사습니다 + 만 = **な**형용사です/**い**형용사です + **が**

- ☑ **な**형용사합니다/**い**형용사습니다 + 만 + **な**형용사/**い**형용사합니다
  = **な**형용사です/**い**형용사です + **が** + **な**형용사/**い**형용사です

- ☑ **な**형용사하지 않습니다/**い**형용사지 않습니다 + 만 + **な**형용사/**い**형용사합니다
  = **な**형용사じゃありません/**い**형용사(**い**)く ありません + **が** + **な**형용사/**い**형용사です

🎍 **미리보기** 🎧 MP3 13-01

신 센 데 스
しんせんです(新鮮です) 신선합니다 | 타 카 이 데 스 たかいです(高いです) 비쌉니다 | 유 - 메 - 데 스 ゆうめいです(有名です) 유명합니다

토 - 이 데 스
とおいです(遠いです) 멉니다 | **とても** 매우 | **あまり** 그다지

살펴보기 🔍

01 역접의 조사 が

な형용사합니다/い형용사습니다 + 만
= な형용사です/い형용사です + が

 형용사의 정중한 긍정 표현 'です' 뒤에 '~다만, ~지만'이란 뜻의 'が'를 붙이면 '~합니다만', '~습니다 만'이란 역접의 뜻이 됩니다.

유명합니다만 = ゆうめいですが

비쌉니다만 = たかいですが

02 역접 조사 が를 사용한 형용사의 긍정문 연결

な형용사합니다/い형용사습니다 + 만 + な형용사/い형용사합니다
= な형용사です/い형용사です + が + な형용사/い형용사です

 '~합니다', '~습니다'와 같은 긍정문에 'が'를 붙여 문장을 연결할 수 있습니다.

유명합니다만 멉니다. = ゆうめいですが とおいです。

비쌉니다만 신선합니다. = たかいですが しんせんです。

03 역접 조사 ^가が를 사용한 형용사의 부정문 연결

^나な형용사하지 않습니다/^이い형용사지 않습니다 + 만 + ^나な형용사/^이い형용사합니다

= ^나な형용사^{쟈아리마셍}じゃ ありません/^이い형용사^{이쿠아리마셍}(^이い)く ありません + ^가が + ^나な형용사/^이い형용사^{데스}です

형용사의 정중한 부정 표현 '^쟈じゃ ^{아리마셍}ありません'이나 '^쿠く ^{아리마셍}ありません' 뒤에 '~다만, ~지만'이란 뜻의 '^가が'를 붙이면 '~하지 않습니다만', '~지 않습니다만'이란 역접의 뜻이 됩니다.

유명하지 않습니다만 멉니다. = ^{유-메-쟈 아리마 셍 가 토-이데스}ゆうめいじゃ ありませんが とおいです。

비싸지 않습니다만 신선합니다. = ^{타카쿠아리마 셍 가 신 센데스}たかく ありませんが しんせんです。

연습하기 👄

문장 구조를 반복해서 연습해 보자.

❶ 유명합니다만 멉니다.

유 - 메 - 데 스 가 토 - 이 데 스
ゆうめいですが とおいです。

❷ 신선합니다만 비쌉니다.

신 센 데 스 가 타 카 이 데 스
しんせんですが たかいです。

❸ 멉니다만 유명합니다.

토 - 이 데 스 가 유 - 메 - 데 스
とおいですが ゆうめいです。

❹ 비쌉니다만 신선합니다.

타 카 이 데 스 가 신 센 데 스
たかいですが しんせんです。

❺ 멉니다만 비쌉니다.

토 - 이 데 스 가 타 카 이 데 스
とおいですが たかいです。

❻ 유명하지 않습니다만 멉니다.

유 - 메 - 쟈 아 리 마 셍 가 토 - 이 데 스
ゆうめいじゃ ありませんが とおいです。

❼ 신선하지 않습니다만 비쌉니다.

신 센 쟈 아 리 마 셍 가 타 카 이 데 스
しんせんじゃ ありませんが たかいです。

❽ 멀지 않습니다만 유명합니다.

토 - 쿠 아 리 마 셍 가 유 - 메 - 데 스
とおく ありませんが ゆうめいです。

❾ 비싸지 않습니다만 신선합니다.

타 카 쿠 아 리 마 셍 가 신 센 데 스
たかく ありませんが しんせんです。

❿ 유명하지 않습니다만 신선합니다.

유 - 메 - 쟈 아 리 마 셍 가 신 센 데 스
ゆうめいじゃ ありませんが しんせんです。

문장 구조를 1초 만에 해석해 보자.

❶ ゆうめいですが とおいです。
<small>유 - 메 - 데 스 가 토 - 이 데 스</small>

❷ しんせんですが たかいです。
<small>신 센 데 스 가 타 카 이 데 스</small>

❸ とおいですが ゆうめいです。
<small>토 - 이 데 스 가 유 - 메 - 데 스</small>

❹ たかいですが しんせんです。
<small>타 카 이 데 스 가 신 센 데 스</small>

❺ とおいですが たかいです。
<small>토 - 이 데 스 가 타 카 이 데 스</small>

❻ ゆうめいじゃ ありませんが とおいです。
<small>유 - 메 - 쟈 아 리 마 셍 가 토 - 이 데 스</small>

❼ しんせんじゃ ありませんが たかいです。
<small>신 센 쟈 아 리 마 셍 가 타 카 이 데 스</small>

❽ とおく ありませんが ゆうめいです。
<small>토 - 쿠 아 리 마 셍 가 유 - 메 - 데 스</small>

❾ たかく ありませんが しんせんです。
<small>타 카 쿠 아 리 마 셍 가 신 센 데 스</small>

❿ ゆうめいじゃ ありませんが しんせんです。
<small>유 - 메 - 쟈 아 리 마 셍 가 신 센 데 스</small>

문장 구조를 1초 만에 일본어로 말해 보자.

❶ 유명합니다만 멉니다.

❷ 신선합니다만 비쌉니다.

❸ 멉니다만 유명합니다.

❹ 비쌉니다만 신선합니다.

❺ 멉니다만 비쌉니다.

❻ 유명하지 않습니다만 멉니다.

❼ 신선하지 않습니다만 비쌉니다.

❽ 멀지 않습니다만 유명합니다.

❾ 비싸지 않습니다만 신선합니다.

❿ 유명하지 않습니다만 신선합니다.

응용표현

매우 + 형용사합니다만 + 형용사합니다 = ^{토테모}とても + 형용사^{데스가}ですが + 형용사^{데스}です

그다지 + 형용사하지 않습니다만 + 형용사합니다

= ^{아마리}あまり + 형용사^{쟈 이쿠아리마 셍 가}じゃ/(い)くありませんが + 형용사^{데스}です

* '매우, 아주'란 뜻의 'とても'는 긍정문에, '그다지, 별로'란 뜻의 'あまり'는 부정문에 써서 꾸며줄 수 있습니다.

문장을 확장해 보자.

❶ 매우 유명합니다만 멉니다.
^{토테모유 - 메 - 데스가 토 - 이데스}
とても ゆうめいですが とおいです。

❷ 매우 신선합니다만 비쌉니다.
^{토테모 신 센 데스가 타카이데스}
とても しんせんですが たかいです。

❸ 매우 멉니다만 유명합니다.
^{토테모토 - 이데스가 유 - 메 - 데스}
とても とおいですが ゆうめいです。

❹ 매우 비쌉니다만 신선합니다.
^{토테모 타카이데스가 신 센 데스}
とても たかいですが しんせんです。

❺ 그다지 유명하지 않습니다만 멉니다.
^{아마리유 - 메 - 쟈 아리마 셍 가 토 - 이데스}
あまり ゆうめいじゃ ありませんが とおいです。

❻ 그다지 신선하지 않습니다만 비쌉니다.
^{아마리 신 센 쟈 아리마 셍 가 타카이데스}
あまり しんせんじゃ ありませんが たかいです。

❼ 그다지 멀지 않습니다만 유명합니다.
^{아마리토 - 쿠 아리마 셍 가 유 - 메 - 데스}
あまり とおく ありませんが ゆうめいです。

❽ 그다지 비싸지 않습니다만 신선합니다.
^{아마리 타카쿠 아리마 셍 가 신 센 데스}
あまり たかく ありませんが しんせんです。

문장 구조를 1초 만에 해석해 보자.

❶ 토 테 모 유 - 메 - 데 스 가 토 - 이 데 스
とても ゆうめいですが とおいです。

❷ 토 테 모 신 센 데 스 가 타 카 이 데 스
とても しんせんですが たかいです。

❸ 토 테 모 토 - 이 데 스 가 유 - 메 - 데 스
とても とおいですが ゆうめいです。

❹ 토 테 모 타 카 이 데 스 가 신 센 데 스
とても たかいですが しんせんです。

❺ 아 마 리 유 - 메 - 쟈 아 리 마 셍 가 토 - 이 데 스
あまりゆうめいじゃ ありませんがとおいです。

❻ 아 마 리 신 센 쟈 아 리 마 셍 가 타 카 이 데 스
あまりしんせんじゃ ありませんがたかいです。

❼ 아 마 리 토 - 쿠 아 리 마 셍 가 유 - 메 - 데 스
あまりとおく ありませんが ゆうめいです。

❽ 아 마 리 타 카 쿠 아 리 마 셍 가 신 센 데 스
あまりたかく ありませんが しんせんです。

문장 구조를 1초 만에 일본어로 말해 보자.

❶ 매우 유명합니다만 멉니다.

❷ 매우 신선합니다만 비쌉니다.

❸ 매우 멉니다만 유명합니다.

❹ 매우 비쌉니다만 신선합니다.

❺ 그다지 유명하지 않습니다만 멉니다.

❻ 그다지 신선하지 않습니다만 비쌉니다.

❼ 그다지 멀지 않습니다만 유명합니다.

❽ 그다지 비싸지 않습니다만 신선합니다.

초밥집에서 주문을 하고 있다. 🎧 MP3 13-02

나　우 니 토 에 비 와 타 카 이 데 스 카
　　ウニと エビは たかいですか?

　　성게알과 새우는 비쌉니까?

점원　우 니 와 타 카 이 데 스 가　에 비 와 아 마 리 타 카 쿠 아 리 마 셍
　　ウニは たかいですが、エビは あまり たかく ありません。

　　성게알은 비싸지만, 새우는 그다지 비싸지 않습니다.

나　쟈　에 비 히 토 츠 쿠 다 사 이
　　じゃ、エビ ひとつ ください。

　　그럼, 새우 한 개 주세요.

점원　하 이
　　はい。

　　네.

플러스 단어

우 니　　　　토　　　에 비　　　 히 토 츠
ウニ 성게알 | **と** 와(과) | **エビ** 새우 | **ひとつ** 한 개

오모시로이 니홍고

1) 시다바리: 조수
일본어로 '초벌로 밑에 붙이는 벽지'란 뜻의 시 타 바 리 したばり(下張り)에서 유래된 말입니다.

2) 와리바시: 나무젓가락
일본어로 와 리 割り(나눔)와 하시 箸(젓가락)가 합쳐진 와 리 바 시 わりばし(割り箸)에서 유래된 말입니다.

PART 14

^{쿠 루 마 가 호 시 - 데 스}
くるまが ほしいです
자동차를 갖고 싶습니다

💡 학습 목표

대상을 나타낼 때 항상 조사 '^가が'만 사용하는 형용사의 긍정문과 부정문을 말할 수 있다.

💡 학습 포인트

☑️ 명사을(를)+좋아합니다/잘합니다/갖고 싶습니다 = 명사^가が + ^{스 키 데 스}すきです/^{죠 - 즈 데 스}じょうずです/^{호 시 - 데 스}ほしいです

☑️ 명사을(를)+좋아하지 않습니다/잘하지 않습니다/갖고 싶지 않습니다
　= 명사^가が + ^{스 키 쟈 아 리 마 셍}すきじゃ ありません/^{죠 - 즈 쟈 아 리 마 셍}じょうずじゃ ありません/^{호 시 쿠 아 리 마 셍}ほしく ありません

💡 미리보기 🎧 MP3 14-01

^{쿠 루 마}くるま 자동차 | ^{호 시 - 데 스}ほしいです(欲しいです) 갖고 싶습니다 | ^{스 키 데 스}すきです(好きです) 좋아합니다

^{죠 - 즈 데 스}じょうずです(上手です) 잘합니다 | ^{이 마}いま(今) 지금

01 | 대상에 조사 が를 사용하는 형용사 긍정문

명사을(를) + 좋아합니다/잘합니다/갖고 싶습니다
= 명사が + すきです/じょうずです/ほしいです

✈ 기호나 능력을 나타내는 형용사의 대상에는 조사 'が'를 사용합니다. 보통 'が'는 '~이(가)'란 뜻이지만 이 경우에는 '~을(를)'로 해석하는 것이 자연스럽습니다.

이것을 좋아합니다. = これが すきです。
....

그것을 잘합니다. = それが じょうずです。
....

저것을 갖고 싶습니다. = あれが ほしいです。
....

이것을 좋아합니까? = これが すきですか?
....

02 대상에 조사 가를 사용하는 형용사 부정문

명사을(를) + 좋아하지 않습니다/잘하지 않습니다/갖고 싶지 않습니다
= 명사가 + すきじゃ ありません/じょうずじゃ ありません/ほしくありません
　　　　　　　가 스키 자 아리마 생　죠-즈 자 아리마 생　호시쿠아리마 생

마찬가지로 부정문에도 기호나 능력을 나타내는 형용사의 대상에는 조사 가를 사용합니다.

이것을 좋아하지 않습니다. = これが すきじゃ ありません。
　　　　　　　　　　　　　코 레 가 스 키 자 아리마 생

그것을 잘하지 않습니다. = それが じょうずじゃ ありません。
　　　　　　　　　　　　소 레 가 죠 - 즈 자 아리마 생

저것을 갖고 싶지 않습니다. = あれが ほしく ありません。
　　　　　　　　　　　　　아 레 가 호시 쿠 아리마 생

이것을 좋아하지 않습니까? = これが すきじゃ ありませんか?
　　　　　　　　　　　　코 레 가 스 키 자 아리마 생 카

문장 구조를 반복해서 연습해 보자.

❶ 이것을 좋아합니다.

코 레 가 스 키 데 스
これが すきです。

❷ 그것을 잘합니다.

소 레 가 죠 - 즈 데 스
それが じょうずです。

❸ 저것을 갖고 싶습니다.

아 레 가 호 시 - 데 스
あれが ほしいです。

❹ 이것을 좋아합니까?

코 레 가 스 키 데 스 카
これが すきですか?

❺ 그것을 잘합니까?

소 레 가 죠 - 즈 데 스 카
それが じょうずですか?

❻ 이것을 좋아하지 않습니다.

코 레 가 스 키 쟈 아 리 마 셍
これが すきじゃ ありません。

❼ 그것을 잘하지 않습니다.

소 레 가 죠 - 즈 쟈 아 리 마 셍
それが じょうずじゃ ありません。

❽ 저것을 갖고 싶지 않습니다.

아 레 가 호 시 쿠 아 리 마 셍
あれが ほしく ありません。

❾ 이것을 좋아하지 않습니까?

코 레 가 스 키 쟈 아 리 마 셍 카
これが すきじゃ ありませんか?

❿ 저것을 갖고 싶지 않습니까?

아 레 가 호 시 쿠 아 리 마 셍 카
あれが ほしく ありませんか?

문장 구조를 1초 만에 해석해 보자.

① これが すきです。
코 레 가 스 키 데 스

② それが じょうずです。
소 레 가 죠 - 즈 데 스

③ あれが ほしいです。
아 레 가 호 시 - 데 스

④ これが すきですか?
코 레 가 스 키 데 스 카

⑤ それが じょうずですか?
소 레 가 죠 - 즈 데 스 카

⑥ これが すきじゃ ありません。
코 레 가 스 키 쟈 아 리 마 셍

⑦ それが じょうずじゃ ありません。
소 레 가 죠 - 즈 쟈 아 리 마 셍

⑧ あれが ほしく ありません。
아 레 가 호 시 쿠 아 리 마 셍

⑨ これが すきじゃ ありませんか?
코 레 가 스 키 쟈 아 리 마 셍 카

⑩ あれが ほしく ありませんか?
아 레 가 호 시 쿠 아 리 마 셍 카

문장 구조를 1초 만에 일본어로 말해 보자.

① 이것을 좋아합니다.

② 그것을 잘합니다.

③ 저것을 갖고 싶습니다.

④ 이것을 좋아합니까?

⑤ 그것을 잘합니까?

⑥ 이것을 좋아하지 않습니다.

⑦ 그것을 잘하지 않습니다.

⑧ 저것을 갖고 싶지 않습니다.

⑨ 이것을 좋아하지 않습니까?

⑩ 저것을 갖고 싶지 않습니까?

응용표현

지금(은) + 명사을(를) + 좋아합니다/잘합니다/갖고 싶습니다
_{이마 와} _가 _{스키데스 죠-즈데스 호시-데스}
= **いま(は)** + 명사**が** + **すきです/じょうずです/ほしいです**

* '지금'이란 뜻의 'いま'를 사용하여 현재 상태가 어떠한지 문장을 만들 수 있습니다. '~은(는)'을 뜻하는 'は'를 써
서 더욱 강조할 수 있습니다.

🌸 문장을 확장해 보자.

❶ 지금 이것을 좋아합니다.
_{이 마 코 레 가 스 키 데 스}
いま これが すきです。

----

❷ 지금 그것을 잘합니다.
_{이 마 소 레 가 죠 - 즈 데 스}
いま それが じょうずです。

----

❸ 지금 저것을 갖고 싶습니다.
_{이 마 아 레 가 호 시 - 데 스}
いま あれが ほしいです。

----

❹ 지금 이것을 좋아합니까?
_{이 마 코 레 가 스 키 데 스 카}
いま これが すきですか?

----

❺ 지금은 이것을 좋아하지 않습니다.
_{이 마 와 코 레 가 스 키 쟈 아 리 마 셍}
いまは これが すきじゃ ありません。

----

❻ 지금은 그것을 잘하지 않습니다.
_{이 마 와 소 레 가 죠 - 즈 쟈 아 리 마 셍}
いまは それが じょうずじゃ ありません。

----

❼ 지금은 저것을 갖고 싶지 않습니다.
_{이 마 와 아 레 가 호 시 쿠 아 리 마 셍}
いまは あれが ほしく ありません。

----

❽ 지금은 이것을 좋아하지 않습니까?
_{이 마 와 코 레 가 스 키 쟈 아 리 마 셍 카}
いまは これが すきじゃ ありませんか?

문장 구조를 1초 만에 해석해 보자.

❶ いま これが すきです。
<small>이 마 코 레 가 스 키 데 스</small>

❷ いま それが じょうずです。
<small>이 마 소 레 가 죠 - 즈 데 스</small>

❸ いま あれが ほしいです。
<small>이 마 아 레 가 호 시 - 데 스</small>

❹ いま これが すきですか?
<small>이 마 코 레 가 스 키 데 스 카</small>

❺ いまは これが すきじゃ ありません。
<small>이 마 와 코 레 가 스 키 자 아 리 마 셍</small>

❻ いまは それが じょうずじゃ ありません。
<small>이 마 와 소 레 가 죠 - 즈 자 아 리 마 셍</small>

❼ いまは あれが ほしく ありません。
<small>이 마 와 아 레 가 호 시 쿠 아 리 마 셍</small>

❽ いまは これが すきじゃ ありませんか?
<small>이 마 와 코 레 가 스 키 자 아 리 마 셍 카</small>

문장 구조를 1초 만에 일본어로 말해 보자.

❶ 지금 이것을 좋아합니다.

❷ 지금 그것을 잘합니다.

❸ 지금 저것을 갖고 싶습니다.

❹ 지금 이것을 좋아합니까?

❺ 지금은 이것을 좋아하지 않습니다.

❻ 지금은 그것을 잘하지 않습니다.

❼ 지금은 저것을 갖고 싶지 않습니다.

❽ 지금은 이것을 좋아하지 않습니까?

말해보기

초밥집에서 점원에게 요청을 하고 있다. 🎧 MP3 14-02

나 <ruby>す<rt>스</rt></ruby><ruby>み<rt>미</rt></ruby><ruby>ま<rt>마</rt></ruby><ruby>せ<rt>셍</rt></ruby>ん。わさびが ほしいです。

> 여기요. 고추냉이를 원합니다.

점원 はい、どうぞ。

> 네, 여기 있습니다.

나 しょうゆも ほしいです。

> 간장도 원합니다.

점원 わかりました。

> 알겠습니다.

플러스 단어

わさび 고추냉이 | **どうぞ** 여기 있습니다 | **しょうゆ(醬油)** 간장 | **わかりました** 알겠습니다

오모시로이 니홍고

1) 쓰메끼리: 손톱깎이

일본어로 つめ(손톱), 切り(자름)가 합쳐진 つめきり(つめ切り)에서 유래된 말입니다.

2) 나와바리: 세력권, 주로 활동하는 곳

일본어로 '세력권'이나 '건축 예정 부지'란 뜻의 なわばり(縄張り)에서 유래된 말입니다.

PART 15

^{쿠 루 마 가 아 리 마 셍}
くるまが ありません

자동차가 없습니다

🔖 학습 목표

사물이나 식물이 '없다'라는 존재 표현을 말할 수 있다.

🔖 학습 포인트

☑ 사물/식물이(가)/은(는)/도 + 없습니다 = 사물/식물^{가 와 모}が/は/も + ^{아리마 셍}ありません

☑ 사물/식물이(가)/은(는)/도 + 없었습니다 = 사물/식물^{가 와 모}が/は/も + ^{아리마 셍 데 시 타}ありませんでした

🔖 미리보기 🎧 MP3 15-01

^{쿠 루 마}くるま(車)자동차 | ^가が ~이(가) | ^{치 즈}ちず(地図)지도 | ^와は ~은(는) | ^{치 켄 토}チケット 티켓

^모も ~도 | ^{니 모 츠}にもつ(荷物)짐 | ^{호 시 이}ほしい 갖고싶은 | ^{오 ー 키 ー}おおきい(大きい)큰

01 '사물/식물'의 존재동사 현재 부정

사물/식물이(가)/은(는)/도 + 없습니다 = 사물/식물が/は/も + ありません

(가)(와)(모)(아 리 마 셍)

✈ '없습니다'는 'ありません'이라고 합니다. '사물/식물'의 존재를 나타낼 때 사용합니다. 조사로는 'が',
(아 리 마 셍) (가)
'は', 'も' 등을 쓸 수 있습니다. 또한 'ありません' 뒤에 'か'를 붙여주면 의문문이 됩니다.
(와)(모) (아 리 마 셍) (카)

자동차가 없습니다. = くるまが ありません。
(쿠 루 마 가 아 리 마 셍)

지도는 없습니다. = ちずは ありません。
(치 즈 와 아 리 마 셍)

티켓도 없습니다. = チケットも ありません。
(치 켓 토 모 아 리 마 셍)

짐은 없습니까? = にもつは ありませんか？
(니 모 츠 와 아 리 마 셍 카)

사물/식물이(가)/은(는)/도 + 없었습니다

가 와 모   아리마 센 데시타
= 사물/식물が/は/も + ありませんでした

✈️ '없습니다'의 과거인 '없었습니다'는 일본어로 '_{아리마 센 데시타}ありませんでした'라고 합니다. 마찬가지로 '_{아리}あり_{마 센 데시타}ませんでした' 뒤에 '_카か'를 붙여주면 의문문이 됩니다.

자동차가 없었습니다. = _{쿠 루 마 기 아 리 마 센 데 시 타}くるまが ありませんでした。

지도는 없었습니다. = _{치 즈 와 아 리 마 센 데 시 타}ちずは ありませんでした。

티켓도 없었습니다. = _{치 켙 토 모 아 리 마 센 데 시 타}チケットも ありませんでした。

짐은 없었습니까? = _{니 모 츠 와 아 리 마 센 데 시 타 카}にもつは ありませんでしたか?

문장 구조를 반복해서 연습해 보자.

❶ 자동차가 없습니다.

쿠 루 마 가 　아 리 마 　 셍
くるまが ありません。

❷ 지도는 없습니다.

치 즈 와 　아 리 마 　 셍
ちずは ありません。

❸ 티켓도 없습니다.

치 켇 토 모 　아 리 마 　 셍
チケットも ありません。

❹ 짐이 없습니다.

니 모 츠 가 　아 리 마 　 셍
にもつが ありません。

❺ 지도는 없습니까?

치 즈 와 　아 리 마 　 셍 　카
ちずは ありませんか?

❻ 자동차가 없었습니다.

쿠 루 마 가 　아 리 마 　 센 　데 시 타
くるまが ありませんでした。

❼ 지도가 없었습니다.

치 즈 가 　아 리 마 　 센 　데 시 타
ちずが ありませんでした。

❽ 티켓은 없었습니다.

치 켇 토 와 　아 리 마 　 센 　데 시 타
チケットは ありませんでした。

❾ 짐도 없었습니다.

니 모 츠 모 　아 리 마 　 센 　데 시 타
にもつも ありませんでした。

❿ 자동차도 없었습니까?

쿠 루 마 모 　아 리 마 　 센 　데 시 타 카
くるまも ありませんでしたか?

문장 구조를 1초 만에 해석해 보자.

❶ くるまが ありません。
<small>쿠 루 마 가 아 리 마 셍</small>

❷ ちずは ありません。
<small>치 즈 와 아 리 마 셍</small>

❸ チケットも ありません。
<small>치 켇 토 모 아 리 마 셍</small>

❹ にもつが ありません。
<small>니 모 츠 가 아 리 마 셍</small>

❺ ちずは ありませんか?
<small>치 즈 와 아 리 마 셍 카</small>

❻ くるまが ありませんでした。
<small>쿠 루 마 가 아 리 마 센 데 시 타</small>

❼ ちずが ありませんでした。
<small>치 즈 가 아 리 마 센 데 시 타</small>

❽ チケットは ありませんでした。
<small>치 켇 토 와 아 리 마 센 데 시 타</small>

❾ にもつも ありませんでした。
<small>니 모 츠 모 아 리 마 센 데 시 타</small>

❿ くるまも ありませんでしたか?
<small>쿠 루 마 모 아 리 마 센 데 시 타 카</small>

문장 구조를 1초 만에 일본어로 말해 보자.

❶ 자동차가 없습니다.

❷ 지도는 없습니다.

❸ 티켓도 없습니다.

❹ 짐이 없습니다.

❺ 지도는 없습니까?

❻ 자동차가 없었습니다.

❼ 지도가 없었습니다.

❽ 티켓은 없었습니다.

❾ 짐도 없었습니다.

❿ 자동차도 없었습니까?

⭐ 문장을 확장해 보자.

❶ 갖고 싶은 자동차가 없습니다.

　　　　호 시 - 쿠 루 마가 아리마　셍
ほしい くるまが ありません。

❷ 갖고 싶은 티켓이 없습니까?

　　　　호 시 - 치 켄 토 가 아 리 마 셍 카
ほしい チケットが ありませんか?

❸ 큰 지도가 없습니다.

　　　　오 - 키 - 치 즈 가 아 리 마　셍
おおきい ちずが ありません。

❹ 큰 짐이 없습니까?

　　　　오 - 키 - 니 모 츠 가 아 리 마　셍 카
おおきい にもつが ありませんか?

❺ 갖고 싶은 자동차가 없었습니다.

　　　　호 시 - 쿠 루 마 가 아 리 마　셍　데 시 타
ほしい くるまが ありませんでした。

❻ 갖고 싶은 티켓이 없었습니까?

　　　　호 시 - 치 켄 토 가 아 리 마 셍 데 시 타 카
ほしい チケットが ありませんでしたか?

❼ 큰 지도가 없었습니다.

　　　　오 - 키 - 치 즈 가 아 리 마 셍 데 시 타
おおきい ちずが ありませんでした。

❽ 큰 짐이 없었습니까?

　　　　오 - 키 - 니 모 츠 가 아 리 마 셍 데 시 타 카
おおきい にもつが ありませんでしたか?

문장 구조를 1초 만에 해석해 보자.

❶ 호시ー 쿠루마가 아리마 셍
ほしい くるまが ありません。

❺ 호시ー 쿠루마가 아리마 셍 데시타
ほしい くるまが ありませんでした。

❷ 호시ー 치켙토가 아리마 셍 카
ほしい チケットが ありませんか？

❻ 호시ー 치켙토가 아리마 셍 데시타카
ほしい チケットが ありませんでしたか？

❸ 오ー키ー 치즈가 아리마 셍
おおきい ちずが ありません。

❼ 오ー키ー 치즈가 아리마 셍 데시타
おおきい ちずが ありませんでした。

❹ 오ー키ー 니모츠가 아리마 셍카
おおきい にもつが ありませんか？

❽ 오ー키ー 니모츠가 아리마 셍 데시타카
おおきい にもつが ありませんでしたか？

문장 구조를 1초 만에 일본어로 말해 보자.

❶ 갖고 싶은 자동차가 없습니다.

❺ 갖고 싶은 자동차가 없었습니다.

❷ 갖고 싶은 티켓이 없습니까?

❻ 갖고 싶은 티켓이 없었습니까?

❸ 큰 지도가 없습니다.

❼ 큰 지도가 없었습니다.

❹ 큰 짐이 없습니까?

❽ 큰 짐이 없었습니까?

역무원에게 티켓을 구매하고 있다. 🎧 MP3 15-02

나　　ソウルゆき、チケットをひとつください。
소우루유키　치켓토오히토츠쿠다사이

서울행, 티켓을 하나 주세요.

역무원　ソウルゆき、ひとつですか？ にもつはありませんか？
소우루유키　히토츠데스카　니모츠와아리마셍카

서울행, 하나입니까? 짐은 없습니까?

나　　はい、にもつはありません。
하이　니모츠와아리마셍

네, 짐은 없습니다.

역무원　パスポートください。
파스포ー토쿠다사이

여권 주세요.

나　　はい、どうぞ。 네, 여기 있습니다.
하이　도ー조

플러스 단어

ソウル 서울 │ **ゆき(行き)** ~행 │ **ひとつ** 하나, 한 개 │ **パスポート** 여권
소우루　　　　유키　　　　　　　　히토츠　　　　　　　파스포ー토

오모시로이 니홍고

일본 라면

일본 라면은 밀가루로 만든 길고 가는 면을 삶아 돼지고기, 닭고기 등으로 우려낸 육수에 넣고 다양한 재료를 첨가해 만든 일본의 면 요리입니다. 최근에는 지역 명물 라면을 판매하는 전문점이 늘어나고 있다고 해요. 일본 3대 라면으로는 기타카타 라면, 하카타 라면, 삿포로 라면이 있습니다.

실력업그레이드3

✎ PART 11에서 PART 15까지 배웠던 문형을 복습해 봅시다.

PART 11 おいしい ラーメンです
오 이 시 - 라 - 멘 데 스

- い형용사 + 한 + 명사 = い형용사 + 명사   • い형용사한 + 명사입니다 = い형용사 + 명사です
  이   이   이   이   데스

PART 12 どこが ゆうめいですか?
도 코 가 유 - 메 - 데 스 카

- 무엇이/어디가 + な형용사/い형용사합니까? = なにが/どこが + な형용사/い형용사ですか?
  나   이   나니가 도코가   나   이   데스카

- 언제가/누가 + な형용사/い형용사합니까? = いつが/だれが + な형용사/い형용사ですか?
  나   이   이츠가 다레가   나   이   데스카

PART 13 しんせんですが たかいです
신 센 데 스 가 타 카 이 데 스

- な형용사합니다/い형용사습니다 + 만 = な형용사です/い형용사です + が
  나   이   나   데스 이   데스   가

- な형용사합니다/い형용사습니다 + 만 + な형용사/い형용사합니다
  나   이   나   이
  = な형용사です/い형용사です + が + な형용사/い형용사です
    나   데스 이   데스 가 나   이   데스

- な형용사하지않습니다/い형용사지않습니다 + 만 + な형용사/い형용사합니다
  나   이   나   이
  = な형용사じゃ ありません/い형용사(い)く ありません + が + な형용사/い형용사です
    나 쟈 아리마 셍 이   이쿠아리마셍   가 나   이   데스

PART 14 くるまが ほしいです
쿠 루 마 가 호 시 - 데 스

- 명사을(를)+좋아합니다/잘합니다/갖고 싶습니다 = 명사が + すきです/じょうずです/ほしいです
                                              가 스키데스 죠-즈데스 호시-데스

- 명사을(를)+좋아하지않습니다/잘하지않습니다/갖고 싶지않습니다
  = 명사が + すきじゃ ありません/じょうずじゃ ありません/ほしく ありません
        가 스키 쟈 아 리 마 셍 죠-즈 쟈 아 리 마 셍 호시쿠아리마 셍

PART 15 くるまが ありません
쿠 루 마 가 아 리 마 셍

- 사물/식물이(가)/은(는)/도 + 없습니다 = 사물/식물が/は/も + ありません
                                              가 와 모 아 리 마 셍

- 사물/식물이(가)/은(는)/도 + 없었습니다 = 사물/식물が/は/も + ありませんでした
                                               가 와 모 아 리 마 셍 데 시 타

실력 업그레이드 3 | **147**

앞에서 배웠던 문형에 추가 단어들을 적용해 연습해 봅시다.

읽는 법	한자	품사	뜻
쿠로이데스 くろいです	黒いです	い형용사	까맣습니다
쿠츠 くつ	靴	명사	구두, 신발
네코 ねこ	猫	명사	고양이
카루이데스 かるいです	軽いです	い형용사	가볍습니다
카방 かばん		명사	가방
타카이데스 たかいです	高いです	い형용사	높습니다, 비쌉니다
사이후 さいふ	財布	명사	지갑
아마이데스 あまいです	甘いです	い형용사	답니다
코-히- コーヒー		명사	커피
아타타카이데스 あたたかいです	温かいです	い형용사	따뜻합니다
스-푸 スープ		명사	수프

카타이데스 かたいです	固いです	い형용사	딱딱합니다
팡 パン		명사	빵
아카루이데스 あかるいです	明るいです	い형용사	밝습니다
호시-데스 ほしいです	欲しいです	い형용사	원합니다
후안데스 ふあんです	不安です	な형용사	불안합니다
무즈카시-데스 むずかしいです	難しいです	い형용사	어렵습니다
우츠쿠시-데스 うつくしいです	美しいです	い형용사	아름답습니다
사비시-데스 さびしいです	寂しいです	い형용사	외롭습니다
오토나시-데스 おとなしいです	大人しいです	い형용사	얌전합니다, 온순합니다
키비시-데스 きびしいです	厳しいです	い형용사	엄격합니다

읽는 법	한자	품사	뜻
_{죠-즈데스} じょうずです	上手です	な형용사	잘합니다
_{토-이데스} とおいです	遠いです	い형용사	멉니다
_{야스이데스} やすいです	安いです	い형용사	쌉니다
_{안젠데스} あんぜんです	安全です	な형용사	안전합니다
_{소보쿠데스} そぼくです	素朴です	な형용사	소박합니다
_{오나카가 입빠이데스} おなかがいっぱいです	お腹がいっぱいです	い형용사	배가 부릅니다
_{츠마라나이데스} つまらないです	詰まらないです	い형용사	지루합니다, 시시합니다
_{코-바시-데스} こうばしいです	香ばしいです	い형용사	향기롭습니다, 구수합니다
_{아부락코이데스} あぶらっこいです	脂っこいです	い형용사	기름집니다
_{오사나이데스} おさないです	幼いです	い형용사	어립니다
_{타노모시-데스} たのもしいです	頼もしいです	い형용사	믿음직스럽습니다
_{타노시-데스} たのしいです	楽しいです	い형용사	즐겁습니다
_{키레-데스} きれいです	綺麗です	な형용사	예쁩니다, 깨끗합니다
_{칵코이-데스} かっこいいです	格好いいです	い형용사	멋있습니다
_{아카이데스} あかいです	赤いです	い형용사	빨갛습니다
_{카라이데스} からいです	辛いです	い형용사	맵습니다
_{야사시-데스} やさしいです	優しいです	い형용사	상냥합니다
_{겡킹} げんきん	現金	명사	현금
_{레시-토} レシート		명사	영수증
_{지마쿠} じまく	字幕	명사	자막
_{옹가쿠} おんがく	音楽	명사	음악

읽는 법	한자	품사	뜻
おんせん	温泉	명사	온천
ビール		명사	맥주
じゃがいも		명사	감자
くだもの	果物	명사	과일
みかん		명사	귤
のみもの	飲み物	명사	음료
たべもの	食べ物	명사	음식
ドラマ		명사	드라마
えいが	映画	명사	영화
どうぶつ	動物	명사	동물
いぬ	犬	명사	개
じしょ	辞書	명사	사전
えほん	絵本	명사	그림책
しんぶん	新聞	명사	신문
パスポート		명사	여권
エレベーター		명사	엘리베이터
かぎ	鍵	명사	열쇠
かさ	傘	명사	우산
エスカレーター		명사	에스컬레이터
ほどうきょう	歩道橋	명사	육교
おうだんほどう	横断歩道	명사	횡단보도

^{토 - 쿄 - 니}
とうきょうに
^{아 리 마 스}
あります
도쿄에 있습니다

💡 **학습 목표**

사물이나 식물이 '있다'라는 존재 표현을 말할 수 있다.

💡 **학습 포인트**

☑ 사물/식물이(가)/은(는) + 있습니다 = 사물/식물が/は + ^{가 와 아리마스}あります

☑ 사물/식물이(가)/은(는) + 있었습니다 = 사물/식물が/は + ^{가 와 아리마시타}ありました

💡 **미리보기** 🎧 MP3 16-01

^{토 - 쿄 -}とうきょう(東京)도쿄 | ^{아 사 쿠 사}あさくさ(浅草)아사쿠사 | ^{하 코 네}はこね(箱根)하코네

^{스 카 이 츠 리 -}スカイツリース카이트리 | ^{니 홍}にほん(日本)일본 | ^니に~에 | ^{도 코}どこ어디

01 '사물/식물'의 존재동사 현재 긍정

사물/식물이(가)/은(는) + 있습니다 = 사물/식물^가が/^와は + ^{아 리 마 스}あります

✈ '있습니다'는 '^{아 리 마 스}あります'라고 합니다. '사물/식물'의 존재를 나타낼 때 사용합니다. 또한 '^{아 리 마 스}あります' 뒤에 '^카か'를 붙여주면 의문문이 됩니다.

아사쿠사가 있습니다. = ^{아 사 쿠 사 가 아 리 마 스}あさくさが あります。
....
하코네는 있습니다. = ^{하 코 네 와 아 리 마 스}はこねは あります。
....
아사쿠사가 있습니까? = ^{아 사 쿠 사 가 아 리 마 스 카}あさくさが ありますか?
....

사물/식물이(가)/은(는) + 있었습니다 = 사물/식물が/は + <ruby>あ<rt>가</rt></ruby><ruby>り<rt>리</rt></ruby><ruby>ま<rt>마</rt></ruby><ruby>し<rt>시</rt></ruby><ruby>た<rt>타</rt></ruby>

'있습니다'의 과거인 '있었습니다'는 일본어로 'ありました리마시타'라고 합니다. 마찬가지로 'ありました리마시타' 뒤에 'か카'를 붙여주면 의문문이 됩니다.

아사쿠사가 있었습니다. = **あさくさが ありました。**
아 사 쿠 사 가 아 리 마 시 타

하코네는 있었습니다. = **はこねは ありました。**
하 코 네 와 아 리 마 시 타

하코네는 있었습니까? = **はこねは ありましたか？**
하 코 네 와 아 리 마 시 타 카

문장 구조를 반복해서 연습해 보자.

❶ 아사쿠사가 있습니다.

아 사 쿠 사 가 아 리 마 스
あさくさが あります。

❷ 하코네는 있습니다.

하 코 네 와 아 리 마 스
はこねは あります。

❸ 스카이트리가 있습니다.

스 카 이 츠 리 - 가 아 리 마 스
スカイツリーが あります。

❹ 아사쿠사가 있었습니다.

아 사 쿠 사 가 아 리 마 시 타
あさくさが ありました。

❺ 하코네는 있었습니다.

하 코 네 와 아 리 마 시 타
はこねは ありました。

❻ 스카이트리가 있었습니다.

스 카 이 츠 리 - 가 아 리 마 시 타
スカイツリーが ありました。

❼ 아사쿠사가 있습니까?

아 사 쿠 사 가 아 리 마 스 카
あさくさが ありますか?

❽ 하코네는 있었습니까?

하 코 네 와 아 리 마 시 타 카
はこねは ありましたか?

❾ 스카이트리가 있습니까?

스 카 이 츠 리 - 가 아 리 마 스 카
スカイツリーが ありますか?

❿ 도쿄는 있었습니까?

토 - 쿄 - 와 아 리 마 시 타 카
とうきょうは ありましたか?

문장 구조를 1초 만에 해석해 보자.

❶ あさくさが あります。
<small>아사쿠사 가 아리마스</small>

❷ はこねは あります。
<small>하코네 와 아리마스</small>

❸ スカイツリーが あります。
<small>스카이츠리 – 가 아리마스</small>

❹ あさくさが ありました。
<small>아사쿠사 가 아리마시타</small>

❺ はこねは ありました。
<small>하코네 와 아리마시타</small>

❻ スカイツリーが ありました。
<small>스카이츠리 – 가 아리마시타</small>

❼ あさくさが ありますか?
<small>아사쿠사 가 아리마스 카</small>

❽ はこねは ありましたか?
<small>하코네 와 아리마시타 카</small>

❾ スカイツリーが ありますか?
<small>스카이츠리 – 가 아리마스 카</small>

❿ とうきょうは ありましたか?
<small>토 – 쿄 – 와 아리마시타 카</small>

문장 구조를 1초 만에 일본어로 말해 보자.

❶ 아사쿠사가 있습니다.

❷ 하코네는 있습니다.

❸ 스카이트리가 있습니다.

❹ 아사쿠사가 있었습니다.

❺ 하코네는 있었습니다.

❻ 스카이트리가 있었습니다.

❼ 아사쿠사가 있습니까?

❽ 하코네는 있었습니까?

❾ 스카이트리가 있습니까?

❿ 도쿄는 있었습니까?

응용표현

사물/식물은(는) + 명사에 + 있습니다/있었습니다(까?)
= 사물/식물は + 명사に + **あります/ありました(か?)**

* 장소와 위치를 나타내는 조사 '~에'에 해당하는 일본어는 'に'입니다. 지시대명사 'どこ'를 사용해서 어디에 있는지
물을 수 있습니다.

문장을 확장해 보자.

❶ 아사쿠사는 일본에 있습니다.

あさくさは にほんに あります。

❷ 아사쿠사는 일본에 있었습니다.

あさくさは にほんに ありました。

❸ 하코네는 일본에 있습니다.

はこねは にほんに あります。

❹ 하코네는 일본에 있었습니다.

はこねは にほんに ありました。

❺ 스카이트리는 도쿄에 있습니다.

スカイツリーは とうきょうに あります。

❻ 스카이트리는 도쿄에 있었습니다.

スカイツリーは とうきょうに ありました。

❼ 아사쿠사는 어디에 있습니까?

あさくさは どこに ありますか?

❽ 하코네는 어디에 있었습니까?

はこねは どこに ありましたか?

문장 구조를 1초 만에 해석해 보자.

❶ 아사쿠사 와 니 혼 니 아리마스
あさくさは にほんに あります。
....

❷ 아사쿠사 와 니 혼 니 아리마시타
あさくさは にほんに ありました。
....

❸ 하 코 네 와 니 혼 니 아리마스
はこねは にほんに あります。
....

❹ 하 코 네 와 니 혼 니 아리마시타
はこねは にほんに ありました。
....

❺ 스카이츠리- 와 토- 쿄 -니 아리마스
スカイツリーは とうきょうに あります。
....

❻ 스카이츠리- 와 토- 쿄 -니 아리마시타
スカイツリーは とうきょうに ありました。
....

❼ 아 사 쿠 사 와 도 코 니 아리마스 카
あさくさは どこに ありますか?
....

❽ 하 코 네 와 도 코 니 아리마시 타 카
はこねは どこに ありましたか?
....

문장 구조를 1초 만에 일본어로 말해 보자.

❶ 아사쿠사는 일본에 있습니다.
....

❷ 아사쿠사는 일본에 있었습니다.
....

❸ 하코네는 일본에 있습니다.
....

❹ 하코네는 일본에 있었습니다.
....

❺ 스카이트리는 도쿄에 있습니다.
....

❻ 스카이트리는 도쿄에 있었습니다.
....

❼ 아사쿠사는 어디에 있습니까?
....

❽ 하코네는 어디에 있었습니까?
....

행인에게 유명 관광지를 묻고 있다. 🎧 MP3 16-02

나　ここに ゆうめいな かんこうちが ありますか?
　코코니 유-메-나 캉 코-치가 아리마스카

여기에 유명한 관광지가 있습니까?

행인　スカイツリーが ゆうめいです。
　스카이츠리-가 유-메-데스

스카이트리가 유명합니다.

나　とおいですか?
　토-이데스카

멉니까?

행인　いいえ、とおく ありません。
　이-에 토-쿠 아리마 셍

아니요, 멀지 않습니다.

플러스 단어

ゆうめいです(有名です) 유명합니다 ｜ **かんこうち(観光地)** 관광지 ｜ **とおいです(遠いです)** 멉니다
유-메-데스　　　　　　　　　　　캉 코-치　　　　　　　토-이데스

오모시로이 니홍고

1) 쇼부: 흥정, 결판
일본어로 '승부'란 뜻의 しょうぶ(勝負)에서 유래된 말입니다.

2) 땡깡: 생떼
일본어로 '간질병'이란 뜻의 てんかん(癲癇)에서 유래된 말입니다.

PART 17

카 레 시 가 이 마 스
かれしが います

남자친구가 있습니다

💡 학습 목표

사람이나 동물이 '있다'라는 존재 표현을 말할 수 있다.

💡 학습 포인트

☑ 사람/동물이(가)/은(는) + 있습니다 = 사람/동물が/は + います
카 와 이 마 스

☑ 사람/동물이(가)/은(는) + 있었습니다 = 사람/동물が/は + いました
카 와 이 마 시 타

💡 미리보기 🎧 MP3 17-01

카 레 시
かれし(彼氏) 남자친구 | 셍 세 -
せんせい(先生) 선생님 | 토 모 다 치
ともだち(友達) 친구 | 각 세 -
がくせい(学生) 학생

아 노 히 토
あのひと(あの人) 저사람 | 니 홍
にほん(日本) 일본 | 도 코
どこ 어디

01 | '사람/동물'의 존재동사 현재 긍정

사람/동물이(가)/은(는) + 있습니다 = 사람/동물が/は + います

'있습니다'는 'います'라고 합니다. '사람/동물'의 존재를 나타낼 때 사용합니다. 또한 'います' 뒤에 'か'를 붙여주면 의문문이 됩니다.

선생님이 있습니다. = せんせいが います。

친구는 있습니다. = ともだちは います。

선생님이 있습니까? = せんせいが いますか?

사람/동물이(가)/은(는) + 있었습니다 = 사람/동물が/は + いました
　　　　　　　　　　　　　　　　　　　　　　　　　　　가　와　　이 마 시 타

'있습니다'의 과거인 '있었습니다'는 일본어로 'いました'라고 합니다. 마찬가지로 'いました' 뒤
　　　　　　　　　　　　　　　　　　　　이 마 시 타　　　　　　　　　　　　　이 마 시 타
에 'か'를 붙여주면 의문문이 됩니다.
　　카

선생님이 있었습니다. = せんせい が いました。
　　　　　　　　　　　　　센 세 - 기　이 마 시 타

친구는 있었습니다. = ともだち は いました。
　　　　　　　　　　　토 모 다 치 와　이 마 시 타

친구는 있었습니까? = ともだち は いましたか?
　　　　　　　　　　　토 모 다 치 와　이 마 시 타 카

문장 구조를 반복해서 연습해 보자.

❶ 선생님이 있습니다.
센 세 - 가 이 마 스
せんせいが います。

❷ 친구는 있습니다.
토 모 다 치 와 이 마 스
ともだちは います。

❸ 학생이 있습니다.
각 세 - 가 이 마 스
がくせいが います。

❹ 저 사람은 있습니다.
아 노 히 토 와 이 마 스
あのひとは います。

❺ 선생님이 있었습니다.
센 세 - 가 이 마 시 타
せんせいが いました。

❻ 친구는 있었습니다.
토 모 다 치 와 이 마 시 타
ともだちは いました。

❼ 학생이 있었습니다.
각 세 - 가 이 마 시 타
がくせいが いました。

❽ 저 사람은 있었습니다.
아 노 히 토 와 이 마 시 타
あのひとは いました。

❾ 학생이 있습니까?
각 세 - 가 이 마 스 카
がくせいが いますか?

❿ 저 사람은 있었습니까?
아 노 히 토 와 이 마 시 타 카
あのひとは いましたか?

문장 구조를 1초 만에 해석해 보자.

① 센 세 - 가 이마스
せんせいが います。

② 토 모 다 치 와 이 마 스
ともだちは います。

③ 각 세 - 가 이 마 스
がくせいが います。

④ 아 노 히 토 와 이 마 스
あのひとは います。

⑤ 센 세 - 가 이 마 시 타
せんせいが いました。

⑥ 토 모 다 치 와 이 마 시 타
ともだちは いました。

⑦ 각 세 - 가 이 마 시 타
がくせいが いました。

⑧ 아 노 히 토 와 이 마 시 타
あのひとは いました。

⑨ 각 세 - 가 이 마 스 카
がくせいが いますか?

⑩ 아 노 히 토 와 이 마 시 타 카
あのひとは いましたか?

문장 구조를 1초 만에 일본어로 말해 보자.

① 선생님이 있습니다.

② 친구는 있습니다.

③ 학생이 있습니다.

④ 저 사람은 있습니다.

⑤ 선생님이 있었습니다.

⑥ 친구는 있었습니다.

⑦ 학생이 있었습니다.

⑧ 저 사람은 있었습니다.

⑨ 학생이 있습니까?

⑩ 저 사람은 있었습니까?

응용표현

사람/동물이(가)/은(는) + 명사 + 에 있습니다/있었습니다(까?)
= 사람/동물が/は + 명사 + にいます/いました(か?)

* 장소와 위치를 나타내는 조사 '~에'에 해당하는 일본어는 'に'입니다. 지시대명사 'どこ'를 사용해서 어디에 있는지 물을 수 있습니다.

 문장을 확장해 보자.

❶ 선생님이 일본에 있습니다.

せんせいが にほんに います。

❷ 친구는 일본에 있습니다.

ともだちは にほんに います。

❸ 학생이 일본에 있었습니다.

がくせいが にほんに いました。

❹ 저 사람은 일본에 있었습니다.

あのひとは にほんに いました。

❺ 선생님은 어디에 있습니까?

せんせいは どこに いますか?

❻ 친구는 어디에 있습니까?

ともだちは どこに いますか?

❼ 학생은 어디에 있었습니까?

がくせいは どこに いましたか?

❽ 저 사람은 어디에 있었습니까?

あのひとは どこに いましたか?

문장 구조를 1초 만에 해석해 보자.

센 세 - 가 니 혼 니 이마스
❶ せんせいが にほんに います。

센 세 - 와 도코니 이마스카
❺ せんせいは どこに いますか?

토모다치와 니 혼 니 이마스
❷ ともだちは にほんに います。

토모다치와 도코니 이마스카
❻ ともだちは どこに いますか?

각 세 - 가 니 혼 니 이마시타
❸ がくせいが にほんに いました。

각 세 - 와 도 코니 이마시타카
❼ がくせいは どこに いましたか?

아 노 히 토 와 니 혼 니 이마시타
❹ あのひとは にほんに いました。

아 노 히 토 와 도 코 니 이마시타 카
❽ あのひとは どこに いましたか?

문장 구조를 1초 만에 일본어로 말해 보자.

❶ 선생님이 일본에 있습니다.

❺ 선생님은 어디에 있습니까?

❷ 친구는 일본에 있습니다.

❻ 친구는 어디에 있습니까?

❸ 학생이 일본에 있었습니다.

❼ 학생은 어디에 있었습니까?

❹ 저 사람은 일본에 있었습니다.

❽ 저 사람은 어디에 있었습니까?

역무원에게 롯폰기행인지 묻고 있다. 🎧 MP3 17-02

나 | 코 노 덴 샤 와 롭 퐁 기 유 키 데 스 카
この でんしゃは ろっぽんぎゆきですか？

이 전철는 롯폰기행입니까?

역무원 | 하 이
はい。

네.

나 | 히 토 가 탁 상 이 마 스 네
ひとが たくさん いますね。

사람이 많이 있네요.

역무원 | 소 - 데 스 네
そうですね。

그러네요.

플러스 단어

でんしゃ(電車) 전철 ㅣ **ろっぽんぎ(六本木)** 롯폰기 ㅣ **たくさん** 많이

오모시로이 니홍고

1) 간지: 멋, 맵시

일본어로 '느낌, 감각'이란 뜻의 **かんじ(感じ)**에서 유래된 말입니다.

2) 에리: 옷깃, 칼라

일본어로 '옷깃'이란 뜻의 **えり(襟)**에서 유래된 말입니다.

PART 18

카 노 죠 가 이 마 셍
かのじょが いません
여자친구가 없습니다

💡 **학습 목표**

사람이나 동물이 '없다'라는 존재 표현을 말할 수 있다.

💡 **학습 포인트**

☑️ 사람/동물이(가)/은(는) + 없습니다 = 사람/동물が/は + いません
가 와 이 마 셍

☑️ 사람/동물이(가)/은(는) + 없었습니다 = 사람/동물が/は + いませんでした
가 와 이 마 셍 데 시 타

💡 **미리보기** 🎧 MP3 18-01

카 노 죠 　　 카 레 시 　　 카 조 쿠 　　 코 이 비 토 　　 캉 코 쿠
かのじょ(彼女) 여자친구 | かれし(彼氏) 남자친구 | かぞく(家族) 가족 | こいびと(恋人) 연인 | かんこく(韓国) 한국

01 '사람/동물'의 존재동사 현재 부정

사람/동물이(가)/은(는) + 없습니다 = 사람/동물が/は + いません

'없습니다'는 'いません'이라고 합니다. '사람/동물'의 존재를 나타낼 때 사용합니다. 또한 'いません' 뒤에 'か'를 붙여주면 의문문이 됩니다.

남자친구가없습니다. = かれしが いません。
....
여자친구는없습니다. = かのじょは いません。
....
남자친구가없습니까? = かれしが いませんか?
....

02 '사람/동물'의 존재동사 과거 부정

사람/동물이(가)/은(는) + 없었습니다 = 사람/동물 が/は + ^{이 마 센 데 시 타}いませんでした

'없습니다'의 과거인 '없었습니다'는 일본어로 '^{이 마 센 데 시 타}いませんでした'라고 합니다. 마찬가지로 '^{이 마}いま^{센 데 시 타}せんでした' 뒤에 '^카か'를 붙여주면 의문문이 됩니다.

남자친구가 없었습니다. = ^{카 레 시 가 이 마 센 데 시 타}かれしが いませんでした。

여자친구는 없었습니다. = ^{카 노 죠 와 이 마 센 데 시 타}かのじょは いませんでした。

여자친구는 없었습니까? = ^{카 노 죠 와 이 마 센 데 시 타 카}かのじょは いませんでしたか?

문장 구조를 반복해서 연습해 보자.

❶ 남자친구가 없습니다.

카 레 시 가 이마 셍
かれしが いません。

❷ 여자친구는 없습니다.

카 노 죠 와 이마 셍
かのじょは いません。

❸ 가족이 없습니다.

카 조 쿠 가 이마 셍
かぞくが いません。

❹ 연인은 없습니다.

코 이 비 토 와 이마 셍
こいびとは いません。

❺ 남자친구가 없었습니다.

카 레 시 가 이마 셴 데 시 타
かれしが いませんでした。

❻ 여자친구는 없었습니다.

카 노 죠 와 이마 셴 데 시 타
かのじょは いませんでした。

❼ 가족이 없었습니다.

카 조 쿠 가 이마 셴 데 시 타
かぞくが いませんでした。

❽ 연인은 없었습니다.

코 이 비 토 와 이마 셴 데 시 타
こいびとは いませんでした。

❾ 가족이 없습니까?

카 조 쿠 가 이마 셍 카
かぞくが いませんか?

❿ 연인은 없었습니까?

코 이 비 토 와 이마 셴 데 시 타 카
こいびとは いませんでしたか?

문장 구조를 1초 만에 해석해 보자.

❶ 카 레 시 가 이 마 셍
かれしが いません。

❷ 카 노 죠 와 이 마 셍
かのじょは いません。

❸ 카 조 쿠 가 이 마 셍
かぞくが いません。

❹ 코 이 비 토 와 이 마 셍
こいびとは いません。

❺ 카 레 시 가 이 마 셍 데 시 타
かれしが いませんでした。

❻ 카 노 죠 와 이 마 셍 데 시 타
かのじょは いませんでした。

❼ 카 조 쿠 가 이 마 셍 데 시 타
かぞくが いませんでした。

❽ 코 이 비 토 와 이 마 셍 데 시 타
こいびとは いませんでした。

❾ 카 조 쿠 가 이 마 셍 카
かぞくが いませんか?

❿ 코 이 비 토 와 이 마 셍 데 시 타 카
こいびとは いませんでしたか?

문장 구조를 1초 만에 일본어로 말해 보자.

❶ 남자친구가 없습니다.

❷ 여자친구는 없습니다.

❸ 가족이 없습니다.

❹ 연인은 없습니다.

❺ 남자친구가 없었습니다.

❻ 여자친구는 없었습니다.

❼ 가족이 없었습니다.

❽ 연인은 없었습니다.

❾ 가족이 없습니까?

❿ 연인은 없었습니까?

응용표현

사람/동물이(가)/은(는) + 장소 + 에 없습니다/없었습니다
= 사람/동물が/は + 장소 + に いません/いませんでした

* 장소와 위치를 나타내는 조사 '~에'에 해당하는 일본어는 'に'입니다.

 문장을 확장해 보자.

❶ 남자친구가 한국에 없습니다.

かれしが かんこくに いません。

❷ 여자친구는 한국에 없습니다.

かのじょは かんこくに いません。

❸ 가족이 한국에 없었습니다.

かぞくが かんこくに いませんでした。

❹ 연인은 한국에 없었습니다.

こいびとは かんこくに いませんでした。

❺ 남자친구가 한국에 없습니까?

かれしが かんこくに いませんか?

❻ 여자친구는 한국에 없습니까?

かのじょは かんこくに いませんか?

❼ 가족이 한국에 없었습니까?

かぞくが かんこくに いませんでしたか?

❽ 연인은 한국에 없었습니까?

こいびとは かんこくに いませんでしたか?

문장 구조를 1초 만에 해석해 보자.

❶ 카 레 시 가　강 코 쿠 니 이 마 셍
かれしが かんこくに いません。

❷ 카 노 죠 와　강 코 쿠 니 이 마 셍
かのじょは かんこくに いません。

❸ 카 조 구 가　강 코 쿠 니 이 마 셍 데 시 타
かぞくが かんこくに いませんでした。

❹ 코 이 비 토 와　강 코 쿠 니 이 마 셍 데 시 타
こいびとは かんこくに いませんでした。

❺ 카 레 시 가　강 코 쿠 니 이 마 셍 카
かれしが かんこくに いませんか?

❻ 카 노 죠 와　강 코 쿠 니 이 마 셍 카
かのじょは かんこくに いませんか?

❼ 카 조 구 가　강 코 쿠 니 이 마 셍 데 시 타 카
かぞくが かんこくに いませんでしたか?

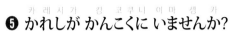

❽ 코 이 비 토 와　강 코 쿠 니 이 마 셍 데 시 타 카
こいびとは かんこくに いませんでしたか?

문장 구조를 1초 만에 일본어로 말해 보자.

❶ 남자친구가 한국에 없습니다.

❷ 여자친구는 한국에 없습니다.

❸ 가족이 한국에 없었습니다.

❹ 연인은 한국에 없었습니다.

❺ 남자친구가 한국에 없습니까?

❻ 여자친구는 한국에 없습니까?

❼ 가족이 한국에 없었습니까?

❽ 연인은 한국에 없었습니까?

백화점 점원에게 한국인 직원이 있는지 묻고 있다. 🎧 MP3 18-02

나 스미마 셍 코코니 하나야와 아리마 셍 카
すみません。 ここに はなやは ありませんか？

실례합니다. 이곳에 꽃집은 없습니까?

점원 하나야와 아소코니 아리마스
はなやは あそこに あります。

꽃집은 저곳에 있습니다.

나 하나야니 캉 코쿠 징 와 이마 셍 카
はなやに かんこくじんは いませんか？

꽃집에 한국인은 없습니까?

점원 스미마 셍 캉 코쿠 징 와 이마 셍
すみません。 かんこくじんは いません。

죄송합니다. 한국인은 없습니다.

플러스 단어

はなや(花屋) 꽃집 | **あそこ** 저곳 | **かんこくじん(韓国人)** 한국인

오모시로이 니홍고

1) 뽐빠이: 각자 내기
일본어로 '분배'란 뜻의 ぶんぱい(分配)에서 유래된 말로, 각자 내기는 わりかん이라고 합니다.

2) 단도리: 점검, 단속
일본어로는 '순서, 절차'란 뜻의 だんどり(段取り)에서 유래된 말입니다.

PART 19

チケットが あります/
^{치켓토가아리마스}

せんぱいが います
^{셈파이가이마스}

티켓이 있습니다 / 선배가 있습니다

📌 **학습 목표**

'사물/식물'의 존재 표현과 '사람/동물'의 존재 표현을 구별할 수 있다.

📌 **학습 포인트**

☑ 명사이(가)/은(는) + 있습니다/있었습니다/없습니다/없었습니다
= 명사が/は + あります/ありました/ありません/ありませんでした
^{가 와 아리마스 아리마시타 아리마셍 아리마센데시타}

☑ 명사이(가)/은(는) + 있습니다/있었습니다/없습니다/없었습니다
= 명사が/は + います/いました/いません/いませんでした
^{가 와 이마스 이마시타 이마셍 이마센데시타}

📌 **미리보기** 🎧 MP3 19-01

チケット 티켓 | せんぱい(先輩) 선배 | かばん 가방 | ともだち(友達) 친구
^{치켓토}　　　　^{셈파이}　　　　　^{카방}　　　　^{토모다치}

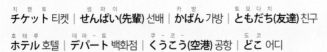

ホテル 호텔 | デパート 백화점 | くうこう(空港) 공항 | どこ 어디
^{호테루}　　^{데파-토}　　　　　^{쿠-코-}　　　　　^{도코}

01 '사물/식물'의 존재 표현

명사이(가)/은(는) + 있습니다 = 명사が/は + ^{가 와 아리마스}あります

명사이(가)/은(는) + 있었습니다 = 명사が/は + ^{가 와 아리마시타}ありました

명사이(가)/은(는) + 없습니다 = 명사が/は + ^{가 와 아리마 셍}ありません

명사이(가)/은(는) + 없었습니다 = 명사が/は + ^{가 와 아리마 셍 데시타}ありませんでした

 '^{아리 마 스}あります'는 사물, 식물 등 스스로 움직이지 못하는 것에 대한 존재 표현입니다.

티켓이 있습니다. = ^{치 켄 토가 아리마 스}チケットが あります。

티켓이 있었습니다. = ^{치 켄 토가 아리마시 타}チケットが ありました。

가방은 없습니다. = ^{카 방 와 아리마 셍}かばんは ありません。

가방은 없었습니다. = ^{카 방 와 아리마 셍 데 시 타}かばんは ありませんでした。

명사이(가)/은(는) + 있습니다 = 명사が/は + <ruby>います<rt>이 마 스</rt></ruby>

명사이(가)/은(는) + 있었습니다 = 명사が/は + <ruby>いました<rt>이 마 시 타</rt></ruby>

명사이(가)/은(는) + 없습니다 = 명사が/は + <ruby>いません<rt>이 마 셍</rt></ruby>

명사이(가)/은(는) + 없었습니다 = 명사が/は + <ruby>いませんでした<rt>이 마 셴 데 시 타</rt></ruby>

 '<ruby>います<rt>이 마 스</rt></ruby>'는 사람, 동물 등 스스로 움직일 수 있는 것에 대한 존재 표현입니다.

선배가 있습니다. = <ruby>せんぱい<rt>셈 파 이</rt></ruby> <ruby>が<rt>가</rt></ruby> <ruby>います<rt>이 마 스</rt></ruby>。

선배가 있었습니다. = <ruby>せんぱい<rt>셈 파 이</rt></ruby> <ruby>が<rt>가</rt></ruby> <ruby>いました<rt>이 마 시 타</rt></ruby>。

친구는 없습니다. = <ruby>ともだち<rt>토 모 다 치</rt></ruby> <ruby>は<rt>와</rt></ruby> <ruby>いません<rt>이 마 셍</rt></ruby>。

친구는 없었습니다. = <ruby>ともだち<rt>토 모 다 치</rt></ruby> <ruby>は<rt>와</rt></ruby> <ruby>いませんでした<rt>이 마 셴 데 시 타</rt></ruby>。

문장 구조를 반복해서 연습해 보자.

❶ 티켓이 있습니다.

<small>치 켓 토 가 아 리 마 스</small>
チケットが あります。

❷ 티켓이 있었습니다.

<small>치 켓 토 가 아 리 마 시 타</small>
チケットが ありました。

❸ 가방은 없습니다.

<small>카 방 와 아 리 마 셍</small>
かばんは ありません。

❹ 가방은 없었습니다.

<small>카 방 와 아 리 마 셴 데 시 타</small>
かばんは ありませんでした。

❺ 티켓이 있습니까?

<small>치 켓 토 가 아 리 마 스 카</small>
チケットが ありますか?

❻ 선배가 있습니다.

<small>셈 파 이 가 이 마 스</small>
せんぱいが います。

❼ 선배가 있었습니다.

<small>셈 파 이 가 이 마 시 타</small>
せんぱいが いました。

❽ 친구는 없습니다.

<small>토 모 다 치 와 이 마 셍</small>
ともだちは いません。

❾ 친구는 없었습니다.

<small>토 모 다 치 와 이 마 셴 데 시 타</small>
ともだちは いませんでした。

❿ 친구는 없습니까?

<small>토 모 다 치 와 이 마 셍 카</small>
ともだちは いませんか?

문장 구조를 **1초 만에 해석해** 보자.

❶ _{치 켓 토 가 아 리 마 스}
チケットが あります。

❷ _{치 켓 토 가 아 리 마 시 타}
チケットが ありました。

❸ _{카 방 와 아 리 마 셍}
かばんは ありません。

❹ _{카 방 와 아 리 마 셍 데 시 타}
かばんは ありませんでした。

❺ _{치 켓 토 가 아 리 마 스 카}
チケットが ありますか?

❻ _{셈 파 이 가 이 마 스}
せんぱいが います。

❼ _{셈 파 이 가 이 마 시 타}
せんぱいが いました。

❽ _{토 모 다 치 와 이 마 셍}
ともだちは いません。

❾ _{토 모 다 치 와 이 마 셍 데 시 타}
ともだちは いませんでした。

❿ _{토 모 다 치 와 이 마 셍 카}
ともだちは いませんか?

문장 구조를 **1초 만에 일본어로 말해** 보자.

❶ 티켓이 있습니다.

❷ 티켓이 있었습니다.

❸ 가방은 없습니다.

❹ 가방은 없었습니다.

❺ 티켓이 있습니까?

❻ 선배가 있습니다.

❼ 선배가 있었습니다.

❽ 친구는 없습니다.

❾ 친구는 없었습니다.

❿ 친구는 없습니까?

응용표현

장소에도 + (사물/식물) 있습니다 = 장소に<ruby>も<rt>니모</rt></ruby> + (사물/식물) <ruby>あります<rt>아리마스</rt></ruby>

장소에도 + (사람/동물) 있습니다 = 장소に<ruby>も<rt>니모</rt></ruby> + (사람/동물) <ruby>います<rt>이마스</rt></ruby>

* 조사 '~에'와 '~도'에 해당하는 'に'와 'も'를 붙여 'にも'라고 하면 '~에도'라는 뜻이 됩니다. 조사 'にも'에
존재 표현을 접속하여 문장을 만들 수 있습니다.

⭐ 문장을 확장해 보자.

❶ 티켓이 호텔에도 있습니다.
<ruby>チ<rt>치</rt></ruby><ruby>ケッ<rt>켄</rt></ruby><ruby>ト<rt>토</rt></ruby><ruby>が<rt>가</rt></ruby> <ruby>ホテル<rt>호테루</rt></ruby><ruby>にも<rt>니모</rt></ruby> <ruby>あります<rt>아리마스</rt></ruby>。

❷ 가방은 백화점에도 없었습니다.
<ruby>か<rt>카</rt></ruby><ruby>ばん<rt>방</rt></ruby><ruby>は<rt>와</rt></ruby> <ruby>デパート<rt>데파-토</rt></ruby><ruby>にも<rt>니모</rt></ruby> <ruby>ありま<rt>아리마</rt></ruby><ruby>せん<rt>센</rt></ruby><ruby>でした<rt>데시타</rt></ruby>。

❸ 선배가 공항에도 있습니다.
<ruby>せん<rt>셈</rt></ruby><ruby>ぱい<rt>파이</rt></ruby><ruby>が<rt>가</rt></ruby> <ruby>くうこう<rt>쿠-코-</rt></ruby><ruby>にも<rt>니모</rt></ruby> <ruby>います<rt>이마스</rt></ruby>。

❹ 친구는 어디에도 없었습니다.
<ruby>ともだち<rt>토모다치</rt></ruby><ruby>は<rt>와</rt></ruby> <ruby>どこ<rt>도코</rt></ruby><ruby>にも<rt>니모</rt></ruby> <ruby>いま<rt>이마</rt></ruby><ruby>せん<rt>센</rt></ruby><ruby>でした<rt>데시타</rt></ruby>。

❺ 티켓이 호텔에도 있습니까?
<ruby>チ<rt>치</rt></ruby><ruby>ケッ<rt>켄</rt></ruby><ruby>ト<rt>토</rt></ruby><ruby>が<rt>가</rt></ruby> <ruby>ホテル<rt>호테루</rt></ruby><ruby>にも<rt>니모</rt></ruby> <ruby>あります<rt>아리마스</rt></ruby>か?

❻ 가방은 백화점에도 없었습니까?
<ruby>か<rt>카</rt></ruby><ruby>ばん<rt>방</rt></ruby><ruby>は<rt>와</rt></ruby> <ruby>デパート<rt>데파-토</rt></ruby><ruby>にも<rt>니모</rt></ruby> <ruby>ありま<rt>아리마</rt></ruby><ruby>せん<rt>센</rt></ruby><ruby>でした<rt>데시타</rt></ruby>か?

❼ 선배가 공항에도 있습니까?
<ruby>せん<rt>셈</rt></ruby><ruby>ぱい<rt>파이</rt></ruby><ruby>が<rt>가</rt></ruby> <ruby>くうこう<rt>쿠-코-</rt></ruby><ruby>にも<rt>니모</rt></ruby> <ruby>います<rt>이마스</rt></ruby>か?

❽ 친구는 어디에도 없었습니까?
<ruby>ともだち<rt>토모다치</rt></ruby><ruby>は<rt>와</rt></ruby> <ruby>どこ<rt>도코</rt></ruby><ruby>にも<rt>니모</rt></ruby> <ruby>いま<rt>이마</rt></ruby><ruby>せん<rt>센</rt></ruby><ruby>でした<rt>데시타</rt></ruby>か?

문장 구조를 1초 만에 해석해 보자.

❶ チケットが ホテルにも あります。
<small>치 켇 토가 호테루니모 아리마스</small>

❷ かばんは デパートにも ありませんでした。
<small>카 방 와 데파-토니모 아리마 셍 데시타</small>

❸ せんぱいが くうこうにも います。
<small>셈 파이가 쿠-코-니모 이마스</small>

❹ ともだちは どこにも いませんでした。
<small>토모다치와 도코니모 이마 셍 데시타</small>

❺ チケットが ホテルにも ありますか?
<small>치 켇 토기 호테루니모 아리마스카</small>

❻ かばんは デパートにも ありませんでしたか?
<small>카 방 와 데파-토니모 아리마 셍 데시타카</small>

❼ せんぱいが くうこうにも いますか?
<small>셈 파이가 쿠-코-니모 이마스카</small>

❽ ともだちは どこにも いませんでしたか?
<small>토모다치와 도코니모 이마 셍 데시타카</small>

문장 구조를 1초 만에 일본어로 말해 보자.

❶ 티켓이 호텔에도 있습니다.

❷ 가방은 백화점에도 없었습니다.

❸ 선배가 공항에도 있습니다.

❹ 친구는 어디에도 없었습니다.

❺ 티켓이 호텔에도 있습니까?

❻ 가방은 백화점에도 없었습니까?

❼ 선배가 공항에도 있습니까?

❽ 친구는 어디에도 없었습니까?

기념품을 사려 하고 있다. 🎧 MP3 19-02

점원 코 레 와 토 테 모 유 - 메 - 나 오 미 야 게 데 스
これは とても ゆうめいな おみやげです。

이것은 매우 유명한 기념품입니다.

나 소 - 데 스 카
そうですか?

그렇습니까?

점원 하 이 코 레 와 도 코 니 모 아 리 마 셍
はい、これは どこにも ありません。

네, 이것은 어디에도 없습니다.

나 쟈 소 레 쿠 다 사 이
じゃ、それ ください。

그럼, 그거 주세요.

플러스 단어

토 테 모 유 - 메 - 다 오 미 야 게
とても 매우 ┃ **ゆうめいだ(有名だ)** 유명하다 ┃ **おみやげ(お土産)** 기념품

오모시로이 니홍고

1) 이빠이: 가득

입 파 이
일본어로 '가득'이나 '한 잔'이란 뜻의 いっぱい(一杯)에서 유래된 말입니다.

2) 삐까뻔쩍: 번쩍번쩍 빛나다

파 카 피 카
일본어로 '번쩍번쩍'이란 뜻의 ぴかぴか에서 유래된 것이 중복되어 합쳐진 말입니다.

PART 20

^{니 혼 니 이 키 마 스}
にほんに いきます
일본에 갑니다

💡 학습 목표

여러 가지 동사를 사용하여 정중한 긍정문을 말할 수 있다.

💡 학습 포인트

☑ 동사 + 합니다 = 동사 + ^{마 스}**ます**

☑ 동사 + 했습니다 = 동사 + ^{마 시 타}**ました**

💡 미리보기 🎧 MP3 20-01

^{이 키 마 스}**いきます(行きます)** 갑니다 | ^{야 스 이 데 스}**やすいです(安いです)** 쌉니다 | ^{호 테 루}**ホテル** 호텔

^{유 - 메 - 데 스}**ゆうめいです(有名です)** 유명합니다 | ^{데 파 - 토}**デパート** 백화점 | ^{치 카 이 데 스}**ちかいです(近いです)** 가깝습니다

^{쿠 - 코 -}**くうこう(空港)** 공항 | ^{키 마 스}**きます(来ます)** 옵니다 | ^{라 - 멘}**ラーメン** 라면 | ^{타 베 마 스}**たべます(食べます)** 먹습니다

^{카 이 마 스}**かいます(買います)** 삽니다 | ^{츠 쿠 리 마 스}**つくります(作ります)** 만듭니다 | ^{코 - 히 -}**コーヒー** 커피

^{오 이 시 - 데 스}**おいしいです(美味しいです)** 맛있습니다

01 동사의 정중한 현재 긍정

동사 + 합니다 = 동사 + ます (마 스)

✈ 동사란 움직임을 나타내는 말로, '동사합니다'는 '동사ます (마 스)'가 됩니다. 또한 '동사ます (마 스)' 뒤에 'か (카)'를 붙이면 의문문이 됩니다.

싼 호텔에 갑니다. = やすい ホテルに いきます。
(야 스 이 호 테 루 니 이 키 마 스)

유명한 백화점에 갑니다. = ゆうめいな デパートに いきます。
(유 - 메 - 나 데 파 - 토 니 이 키 마 스)

가까운 공항에 옵니다. = ちかい くうこうに きます。
(치 카 이 쿠 - 코 - 니 키 마 스)

유명한 호텔에 갑니까? = ゆうめいな ホテルに いきますか?
(유 - 메 - 나 호 테 루 니 이 키 마 스 카)

02 동사의 정중한 과거 긍정

동사 + 했습니다 = 동사 + ます^{마시타}した

'동사했습니다'는 '동사ました^{마시타}'가 됩니다. 마찬가지로 '동사ました^{마시타}' 뒤에 'か^카'를 붙이면 의문문이 됩니다.

싼 호텔에 갔습니다. = ^{아스이 호테루니 이키마시타}やすい ホテルに いきました。

유명한 백화점에 갔습니다. = ^{유-메-나 데파-토니 이키마시타}ゆうめいな デパートに いきました。

가까운 공항에 왔습니다. = ^{치카이 쿠-코-니 키마시타}ちかい くうこうに きました。

유명한 호텔에 갔습니까? = ^{유-메-나 호테루니 이키마시타 카}ゆうめいな ホテルに いきましたか?

문장 구조를 반복해서 연습해 보자.

❶ 싼 호텔에 갑니다.

아 스 이 호 테 루 니 이 키 마 스
やすい ホテルに いきます。

❷ 유명한 백화점에 갑니다.

유 - 메 - 나 데 파 - 토 니 이 키 마 스
ゆうめいな デパートに いきます。

❸ 가까운 공항에 옵니다.

치 카 이 쿠 - 코 - 니 키 마 스
ちかい くうこうに きます。

❹ 유명한 호텔에 갑니까?

유 - 메 - 나 호 테 루 니 이 키 마 스 카
ゆうめいな ホテルに いきますか?

❺ 가까운 백화점에 옵니까?

치 카 이 데 파 - 토 니 키 마 스 카
ちかい デパートに きますか?

❻ 싼 호텔에 갔습니다.

아 스 이 호 테 루 니 이 키 마 시 타
やすい ホテルに いきました。

❼ 유명한 백화점에 갔습니다.

유 - 메 - 나 데 파 - 토 니 이 키 마 시 타
ゆうめいな デパートに いきました。

❽ 가까운 공항에 왔습니다.

치 카 이 쿠 - 코 - 니 키 마 시 타
ちかい くうこうに きました。

❾ 유명한 호텔에 갔습니까?

유 - 메 - 나 호 테 루 니 이 키 마 시 타 카
ゆうめいな ホテルに いきましたか?

❿ 가까운 백화점에 왔습니까?

치 카 이 데 파 - 토 니 키 마 시 타 카
ちかい デパートに きましたか?

문장 구조를 1초 만에 해석해 보자.

① <ruby>や<rt>야</rt></ruby><ruby>す<rt>스</rt></ruby><ruby>い<rt>이</rt></ruby> <ruby>ホ<rt>호</rt></ruby><ruby>テ<rt>테</rt></ruby><ruby>ル<rt>루</rt></ruby><ruby>に<rt>니</rt></ruby> <ruby>い<rt>이</rt></ruby><ruby>き<rt>키</rt></ruby><ruby>ま<rt>마</rt></ruby><ruby>す<rt>스</rt></ruby>。
やすい ホテルに いきます。

② ゆうめいな デパートに いきます。

③ ちかい くうこうに きます。

④ ゆうめいな ホテルに いきますか?

⑤ ちかい デパートに きますか?

⑥ やすい ホテルに いきました。

⑦ ゆうめいな デパートに いきました。

⑧ ちかい くうこうに きました。

⑨ ゆうめいな ホテルに いきましたか?

⑩ ちかい デパートに きましたか?

문장 구조를 1초 만에 일본어로 말해 보자.

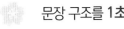

① 싼 호텔에 갑니다.

② 유명한 백화점에 갑니다.

③ 가까운 공항에 옵니다.

④ 유명한 호텔에 갑니까?

⑤ 가까운 백화점에 옵니까?

⑥ 싼 호텔에 갔습니다.

⑦ 유명한 백화점에 갔습니다.

⑧ 가까운 공항에 왔습니다.

⑨ 유명한 호텔에 갔습니까?

⑩ 가까운 백화점에 왔습니까?

응용표현

명사 + 을(를) = 명사 + を

* 조사 'を'는 '~을(를)'이라는 뜻이며 목적격을 나타냅니다.

문장을 확장해 보자.

❶ 유명한 라면을 먹습니다.
유 - 메 - 나 라 - 멩 오 타 베 마 스
ゆうめいな ラーメンを たべます。

----

❷ 유명한 라면을 삽니다.
유 - 메 - 나 라 - 멩 오 카 이 마 스
ゆうめいな ラーメンを かいます。

----

❸ 맛있는 라면을 먹습니다.
오 이 시 - 라 - 멩 오 타 베 마 스
おいしい ラーメンを たべます。

----

❹ 맛있는 라면을 만듭니다.
오 이 시 - 라 - 멩 오 츠 쿠 리 마 스
おいしい ラーメンを つくります。

----

❺ 유명한 커피를 삽니다.
유 - 메 - 나 코 - 히 - 오 카 이 마 스
ゆうめいな コーヒーを かいます。

----

❻ 유명한 커피를 만듭니다.
유 - 메 - 나 코 - 히 - 오 츠 쿠 리 마 스
ゆうめいな コーヒーを つくります。

----

❼ 맛있는 커피를 삽니다.
오 이 시 - 코 - 히 - 오 카 이 마 스
おいしい コーヒーを かいます。

----

❽ 맛있는 커피를 만듭니다.
오 이 시 - 코 - 히 - 오 츠 쿠 리 마 스
おいしい コーヒーを つくります。

문장 구조를 1초 만에 해석해 보자.

유 - 메 - 나 라 - 멩 오 타 베 마 스
❶ ゆうめいな ラーメンを たべます。

유 - 메 - 나 코 - 히 - 오 카 이 마 스
❺ ゆうめいな コーヒーを かいます。

유 - 메 - 나 라 - 멩 오 카 이 마 스
❷ ゆうめいな ラーメンを かいます。

유 - 메 - 나 코 - 히 - 오 츠 쿠 리 마 스
❻ ゆうめいな コーヒーを つくります。

오 이 시 - 라 - 멩 오 타 베 마 스
❸ おいしい ラーメンを たべます。

오 이 시 - 코 - 히 - 오 카 이 마 스
❼ おいしい コーヒーを かいます。

오 이 시 - 라 - 멩 오 츠 쿠 리 마 스
❹ おいしい ラーメンを つくります。

오 이 시 - 코 - 히 - 오 츠 쿠 리 마 스
❽ おいしい コーヒーを つくります。

문장 구조를 1초 만에 일본어로 말해 보자.

❶ 유명한 라면을 먹습니다.

❺ 유명한 커피를 삽니다.

❷ 유명한 라면을 삽니다.

❻ 유명한 커피를 만듭니다.

❸ 맛있는 라면을 먹습니다.

❼ 맛있는 커피를 삽니다.

❹ 맛있는 라면을 만듭니다.

❽ 맛있는 커피를 만듭니다.

점원의 권유를 거절하고 있다. 🎧 MP3 20-02

나
코 레 모 카 와 이 - 데 스 네
これも かわいいですね。

이것도 귀엽네요.

점원
소 레 모 카 이 마 스 카
それも かいますか?

그것도 사시겠습니까?

나
이 - 에   코 레 와 호 시 쿠 아 리 마 셍
いいえ、これは ほしく ありません。

아니요, 이것은 원치 않습니다.

플러스 단어

카 와 이 -
かわいい 귀엽다 ｜ 호 시 -
ほしい 원하다

오모시로이 니홍고

돈부리(덮밥)

돈부리는 밥 위에 어패류나 튀김류, 간장소스를 발라 구운 장어 등을 얹은 일본의 덮밥 요리입니다. 대표적인 종류로는 돈가스를 올린 돈가스덮밥(가쓰돈), 튀김종류를 올린 튀김덮밥(덴돈), 얇게 저민 쇠고기가 올라간 소고기덮밥(규돈) 등이 있어요. 비빔밥처럼 밥과 고명을 비벼 먹지 않고 적당한 양의 고명에 밥을 떠서 먹는 것이 특징입니다.

실력업그레이드4

✏️ PART 16에서 PART 20까지 배웠던 문형을 복습해 봅시다.

PART 16 とうきょうに あります

- 사물/식물이(가)/은(는) + 있습니다 = 사물/식물が/は + **あります**
- 사물/식물이(가)/은(는) + 있었습니다 = 사물/식물が/は + **ありました**

PART 17 かれしが います

- 사람/동물이(가)/은(는) + 있습니다 = 사람/동물が/は + **います**
- 사람/동물이(가)/은(는) + 있었습니다 = 사람/동물が/は + **いました**

PART 18 かのじょが いません

- 사람/동물이(가)/은(는) + 없습니다 = 사람/동물が/は + **いません**
- 사람/동물이(가)/은(는) + 없었습니다 = 사람/동물が/は + **いませんでした**

PART 19 チケットが あります / せんぱいが います

- 명사이(가)/은(는) + 있습니다/있었습니다/없습니다/없었습니다
  = 명사が/は + **あります/ありました/ありません/ありませんでした**
- 명사이(가)/은(는) + 있습니다/있었습니다/없습니다/없었습니다
  = 명사が/は + **います/いました/いません/いませんでした**

PART 20 にほんに いきます

- 동사 + 합니다 = 동사 + **ます**
- 동사 + 했습니다 = 동사 + **ました**

앞에서 배웠던 문형에 추가 단어들을 적용해 연습해 봅시다.

읽는 법	한자	품사	뜻
카메라 カメラ		명사	카메라
쵸코레―토 チョコレート		명사	초콜릿
콤비니 コンビニ		명사	편의점
치즈 ちず	地図	명사	지도
뎅와 でんわ	電話	명사	전화
지코쿠효― じこくひょう	時刻表	명사	시간표
시타기 したぎ	下着	명사	속옷
셈푸―키 せんぷうき	扇風機	명사	선풍기
에아콩 エアコン		명사	에어컨
노―토파소콩 ノートパソコン		명사	노트북
카레시 かれし	彼氏	명사	남자친구
카노죠 かのじょ	彼女	명사	여자친구
코이비토 こいびと	恋人	명사	연인
에키잉 えきいん	駅員	명사	역무원
가이코쿠징 がいこくじん	外国人	명사	외국인
각세― がくせい	学生	명사	학생
슈후 しゅふ	主婦	명사	주부
캉코쿠징 かんこくじん	韓国人	명사	한국인
니홍징 にほんじん	日本人	명사	일본인
쿄―다이 きょうだい	兄弟	명사	형제
아니 あに	兄	명사	형, 오빠

읽는 법	한자	품사	뜻
おとうと	弟	명사	남동생
げいのうじん	芸能人	명사	연예인
かしゅ	歌手	명사	가수
いもうと	妹	명사	여동생
あね	姉	명사	누나, 언니
しりあい	知り合い	명사	지인
ともだち	友達	명사	친구
しょうぼうしょ	消防署	명사	소방서
ぎんこう	銀行	명사	은행
ゆうえんち	遊園地	명사	놀이공원
びよういん	美容院	명사	미용실
レストラン		명사	레스토랑
れいぞうこ	冷蔵庫	명사	냉장고
としょかん	図書館	명사	도서관
きょうしつ	教室	명사	교실
はなや	花屋	명사	꽃집
びょういん	病院	명사	병원
りょかん	旅館	명사	여관
えき	駅	명사	역
いりぐち	入り口	명사	입구
きっさてん	喫茶店	명사	찻집

읽는 법	한자	품사	뜻
시 차 쿠 시 츠 しちゃくしつ	試着室	명사	탈의실
지 무 ジム		명사	체육관, 헬스장
키 마 스 きます	来ます	동사	옵니다
이 키 마 스 いきます	行きます	동사	갑니다
오 시 에 마 스 おしえます	教えます	동사	가르칩니다
야 메 마 스 やめます	辞めます	동사	그만둡니다
카 요 이 마 스 かよいます	通います	동사	다닙니다
츠 키 마 스 つきます	着きます	동사	도착합니다
핫 표 - 시 마 스 はっぴょうします	発表します	동사	발표합니다
요 야 쿠 시 마 스 よやくします	予約します	동사	예약합니다
스 와 리 마 스 すわります	座ります	동사	앉습니다
무 카 이 마 스 むかいます	向かいます	동사	향합니다
스 테 마 스 すてます	捨てます	동사	버립니다
누 기 마 스 ぬぎます	脱ぎます	동사	벗습니다
모 도 리 마 스 もどります	戻ります	동사	되돌아갑니다
하 이 리 마 스 はいります	入ります	동사	들어갑니다
키 마 스 きます	着ます	동사	입습니다

PART 21

ほっかいどうに いきません
혹 카 이 도 - 니
이 키 마 셍

홋카이도에 가지 않습니다

학습 목표

여러 가지 동사를 사용하여 정중한 부정문을 말할 수 있다.

학습 포인트

☑ 동사+하지않습니다 = 동사+**ません**
　　　　　　　　　　　　　　　　　　마 셍

☑ 동사+하지않았습니다 = 동사+**ませんでした**
　　　　　　　　　　　　　　　　　　마 셍 데 시 타

미리보기 🎧 MP3 21-01

혹 카 이 도 -
ほっかいどう(北海道) 홋카이도 | いきます(行きます)갑니다 | ホテル호텔 | デパート백화점
　　　　　　　　　　　　　이 키 마 스　　　　　　　　　호 테 루　　　데 파 - 토

키 마 스　　　　　　　　　　　라 - 멩　　　　타 베 마 스　　　　　카 이 마 스
きます(来ます)옵니다 | ラーメン라면 | たべます(食べます)먹습니다 | かいます(買います)삽니다

츠 쿠 리 마 스　　　　　　비 - 루　　　노 미 마 스
つくります(作ります)만듭니다 | ビール맥주 | のみます(飲みます)마십니다

도 라 마　　　미 마 스
ドラマ 드라마 | みます(見ます)봅니다

01 | 동사의 정중한 현재 부정

동사 + 하지 않습니다 = 동사 + ^{마 셍}**ません**

✈ '동사하지 않습니다'는 '동사^{마 셍}**ません**'이 됩니다. 또한 '동사^{마 셍}**ません**' 뒤에 '**か**'를 붙이면 의문문이 됩니다.

유명한 호텔에 가지 않습니다. = ^{유 - 메 - 나 호 테 루 니 이 키 마 셍}ゆうめいな ホテルに いき**ません**。

가까운 백화점에 오지 않습니다. = ^{치 카 이 데 파 - 토 니 키 마 셍}ちかい デパートに き**ません**。

유명한 백화점에 가지 않습니까? = ^{유 - 메 - 나 데 파 - 토 니 이 키 마 셍 카}ゆうめいな デパートに いき**ませんか**?

02 동사의 정중한 과거 부정

동사 + 하지 않았습니다 = 동사 + ᵐᵃ ˢᵉⁿ ᵈᵉ ˢⁱ ᵗᵃ まぜんでした

✈ '동사하지 않았습니다'는 '동사ᵐᵃ ˢᵉⁿ ᵈᵉ ˢⁱ ᵗᵃまぜんでした'가 됩니다. 마찬가지로 '동사ᵐᵃ ˢᵉⁿ ᵈᵉ ˢⁱ ᵗᵃまぜんでした' 뒤에 'ᵏᵃか'를 붙이면 의문문이 됩니다.

유명한 호텔에 가지 않았습니다. = ゆうめいな ホテルに いきませんでした。

가까운 백화점에 오지 않았습니다. = ちかい デパートに きませんでした。

유명한 백화점에 가지 않았습니까? = ゆうめいな デパートに いきませんでしたか?

연습하기 👄

문장 구조를 반복해서 연습해 보자.

❶ 유명한 호텔에 가지 않습니다.

유 - 메 - 나 호 테 루 니 이 키 마 셍
ゆうめいな ホテルに いきません。

❷ 가까운 백화점에 오지 않습니다.

치 카 이 데 파 - 토 니 키 마 셍
ちかい デパートに きません。

❸ 싼 호텔에 가지 않습니다.

야 스 이 호 테 루 니 이 키 마 셍
やすい ホテルに いきません。

❹ 유명한 백화점에 가지 않습니까?

유 - 메 - 나 데 파 - 토 니 이 키 마 셍 카
ゆうめいな デパートに いきませんか?

❺ 가까운 호텔에 오지 않습니까?

치 카 이 호 테 루 니 키 마 셍 카
ちかい ホテルに きませんか?

❻ 유명한 호텔에 가지 않았습니다.

유 - 메 - 나 호 테 루 니 이 키 마 센 데 시 타
ゆうめいな ホテルに いきませんでした。

❼ 가까운 백화점에 오지 않았습니다.

치 카 이 데 파 - 토 니 키 마 센 데 시 타
ちかい デパートに きませんでした。

❽ 싼 호텔에 가지 않았습니다.

야 스 이 호 테 루 니 이 키 마 센 데 시 타
やすい ホテルに いきませんでした。

❾ 유명한 백화점에 가지 않았습니까?

유 - 메 - 나 데 파 - 토 니 이 키 마 센 데 시 타 카
ゆうめいな デパートに いきませんでしたか?

❿ 가까운 호텔에 오지 않았습니까?

치 카 이 호 테 루 니 키 마 센 데 시 타 카
ちかい ホテルに きませんでしたか?

문장 구조를 1초 만에 해석해 보자.

❶ _{유 - 메 - 나 호 테 루 니 이 키 마 셍}
ゆうめいな ホテルに いきません。

❷ _{치 카 이 데 파 - 토 니 키 마 셍}
ちかい デパートに きません。

❸ _{야 스 이 호 테 루 니 이 키 마 셍}
やすい ホテルに いきません。

❹ _{유 - 메 - 나 데 파 - 토 니 이 키 마 셍 카}
ゆうめいな デパートに いきませんか?

❺ _{치 카 이 호 테 루 니 키 마 셍 카}
ちかい ホテルに きませんか?

❻ _{유 - 메 - 나 호 테 루 니 이 키 마 셴 데 시 타}
ゆうめいな ホテルに いきませんでした。

❼ _{치 카 이 데 파 - 토 니 키 마 셴 데 시 타}
ちかい デパートに きませんでした。

❽ _{야 스 이 호 테 루 니 이 키 마 셴 데 시 타}
やすい ホテルに いきませんでした。

❾ _{유 - 메 - 나 데 파 - 토 니 이 키 마 셴 데 시 타 카}
ゆうめいな デパートに いきませんでしたか?

❿ _{치 카 이 호 테 루 니 키 마 셴 데 시 타 카}
ちかい ホテルに きませんでしたか?

문장 구조를 1초 만에 일본어로 말해 보자.

❶ 유명한 호텔에 가지 않습니다.

❷ 가까운 백화점에 오지 않습니다.

❸ 싼 호텔에 가지 않습니다.

❹ 유명한 백화점에 가지 않습니까?

❺ 가까운 호텔에 오지 않습니까?

❻ 유명한 호텔에 가지 않았습니다.

❼ 가까운 백화점에 오지 않았습니다.

❽ 싼 호텔에 가지 않았습니다.

❾ 유명한 백화점에 가지 않았습니까?

❿ 가까운 호텔에 오지 않았습니까?

응용표현

な형용사^나/い형용사한^이 + 명사을(를) + 동사하지 않습니다
= な형용사な^나/い형용사^{나이} + 명사を^오 + 동사ません^{마셍}

* '형용사+명사+을(를) 동사하지 않습니다'의 문장 구조를 만들 수 있습니다.

문장을 확장해 보자.

❶ 유명한 라면을 먹지 않습니다.

_{유 - 메 - 나 라 - 멩 오 타 베 마 셍}
ゆうめいな ラーメンを たべません。

---

❷ 유명한 라면을 사지 않습니다.

_{유 - 메 - 나 라 - 멩 오 카 이 마 셍}
ゆうめいな ラーメンを かいません。

---

❸ 맛있는 라면을 만들지 않습니다.

_{오 이 시 - 라 - 멩 오 츠 쿠 리 마 셍}
おいしい ラーメンを つくりません。

---

❹ 유명한 맥주를 마시지 않습니다.

_{유 - 메 - 나 비 - 루 오 노 미 마 셍}
ゆうめいな ビールを のみません。

---

❺ 유명한 맥주를 사지 않습니다.

_{유 - 메 - 나 비 - 루 오 카 이 마 셍}
ゆうめいな ビールを かいません。

---

❻ 맛있는 맥주를 만들지 않습니다.

_{오 이 시 - 비 - 루 오 츠 쿠 리 마 셍}
おいしい ビールを つくりません。

---

❼ 유명한 드라마를 보지 않습니다.

_{유 - 메 - 나 도 라 마 오 미 마 셍}
ゆうめいな ドラマを みません。

---

❽ 유명한 드라마를 보지 않았습니다.

_{유 - 메 - 나 도 라 마 오 미 마 셍 데 시 타}
ゆうめいな ドラマを みませんでした。

문장 구조를 1초 만에 해석해 보자.

① ゆうめいな ラーメンを たべません。
<small>유 - 메 - 나 라 - 멩 오 타 베 마 셍</small>

② ゆうめいな ラーメンを かいません。
<small>유 - 메 - 나 라 - 멩 오 카 이 마 셍</small>

③ おいしい ラーメンを つくりません。
<small>오 이 시 - 라 - 멩 오 츠 쿠 리 마 셍</small>

④ ゆうめいな ビールを のみません。
<small>유 - 메 - 나 비 - 루 오 노 미 마 셍</small>

⑤ ゆうめいな ビールを かいません。
<small>유 - 메 - 나 비 - 루 오 카 이 마 셍</small>

⑥ おいしい ビールを つくりません。
<small>오 이 시 - 비 - 루 오 츠 쿠 리 마 셍</small>

⑦ ゆうめいな ドラマを みません。
<small>유 - 메 - 나 도 라 마 오 미 마 셍</small>

⑧ ゆうめいな ドラマを みませんでした。
<small>유 - 메 - 나 도 라 마 오 미 마 셍 데 시 타</small>

문장 구조를 1초 만에 일본어로 말해 보자.

① 유명한 라면을 먹지 않습니다.

② 유명한 라면을 사지 않습니다.

③ 맛있는 라면을 만들지 않습니다.

④ 유명한 맥주를 마시지 않습니다.

⑤ 유명한 맥주를 사지 않습니다.

⑥ 맛있는 맥주를 만들지 않습니다.

⑦ 유명한 드라마를 보지 않습니다.

⑧ 유명한 드라마를 보지 않았습니다.

도쿄타워를 향하는 버스 편을 묻고 있다. 🎧 MP3 21-02

나　<ruby>この<rt>코 노</rt></ruby>バス<ruby>は<rt>바 스 와</rt></ruby> <ruby>とうきょう<rt>토 - 쿄 -</rt></ruby>タワー<ruby>に<rt>타 와 - 니</rt></ruby> <ruby>いきますか<rt>이 키 마 스 카</rt></ruby>?

이 버스는 도쿄타워에 갑니까?

운전수　<ruby>いいえ<rt>이 - 에</rt></ruby>、<ruby>いきません<rt>이 키 마 셍</rt></ruby>。

아니요, 가지 않습니다.

나　<ruby>あれは<rt>아 레 와</rt></ruby> <ruby>いきますか<rt>이 키 마 스 카</rt></ruby>?

저것은 갑니까?

운전수　<ruby>はい<rt>하 이</rt></ruby>、<ruby>いきます<rt>이 키 마 스</rt></ruby>。

네, 갑니다.

플러스 단어

<ruby>とうきょう<rt>토 - 쿄 -</rt></ruby>タワー<rt>타 와 -</rt> 도쿄타워 ｜ **<ruby>あれ<rt>아 레</rt></ruby>** 저것

오모시로이 니홍고

1) 고도리: 고스톱에서 화투장에 그려진 새 다섯 마리를 모아 점수를 내는 것

일본어로 五(숫자 5)와 鳥(새)가 합쳐진 <ruby>ごとり<rt>고토리</rt></ruby>(五鳥)에서 유래된 말입니다.

2) 시보리: 물수건

일본어로 '짬, 짜냄'이란 뜻의 <ruby>しぼり<rt>시보리</rt></ruby>(絞り)에서 유래된 말입니다.

PART 22

おきなわに
<ruby>オ<rt></rt></ruby> <ruby>キ<rt></rt></ruby> <ruby>ナ<rt></rt></ruby> <ruby>와<rt></rt></ruby> <ruby>니<rt></rt></ruby>

いきましょう
이 키 마 쇼 -

오키나와에 갑시다

 학습 목표

동사를 활용하여 권유하는 표현을 말할 수 있다.

 학습 포인트

☑️ 동사 + 합시다 = 동사 + **ましょう**
마 쇼 -

☑️ 동사 + 할까요? = 동사 + **ましょうか?**
마 쇼 - 카

 미리보기 🎧 MP3 22-01

오 키 나 와　　　　　　　이 키 마 스　　　　　　　　니 홍　　　　고 항
おきなわ(沖縄) 오키나와 | **いきます(行きます)** 갑니다 | **にほん(日本)** 일본 | **ごはん(ご飯)** 밥

타 베 마 스　　　　　　　사 케　　　　노 미 마 스　　　　　　　　캉 코 쿠
たべます(食べます) 먹습니다 | **さけ(酒)** 술 | **のみます(飲みます)** 마십니다 | **かんこく(韓国)** 한국

키 마 스　　　　　　하 나 비　　　　　　　　　미 마 스　　　　　잇 쇼 니
きます(来ます) 옵니다 | **はなび(花火)** 불꽃놀이 | **みます(見ます)** 봅니다 | **いっしょに(一緒に)** 함께

01 평서문의 권유 표현

동사 + 합시다 = 동사 + ましょう^{마 쇼 -}

✈ 권유를 나타내는 '~합시다'는 'ます^{마 스}' 대신 'ましょう^{마 쇼 -}'를 연결하면 됩니다.

일본에 갑시다. = にほんに いきましょう。^{니 혼 니 이 키 마 쇼 -}
....

밥을 먹읍시다. = ごはんを たべましょう。^{고 항 오 타 베 마 쇼 -}
....

술을 마십시다. = さけを のみましょう。^{사 케 오 노 미 마 쇼 -}
....

02 | 의문문의 권유 표현

동사 + 할까요? = 동사 + ましょうか?
^{마 쇼 - 카}

✈ '~할까요?'는 '~합시다'인 'ましょう'에 'か'를 붙여서 'ましょうか'라고 하면 됩니다.
^{마 쇼 - 카}

일본에 갈까요? = にほんに いきましょうか?
^{니 혼 니 이 키 마 쇼 - 카}

밥을 먹을까요? = ごはんを たべましょうか?
^{고 항 오 타 베 마 쇼 - 카}

술을 마실까요? = さけを のみましょうか?
^{사 케 오 노 미 마 쇼 - 카}

연습하기 👄

문장 구조를 반복해서 연습해 보자.

❶ 일본에 갑시다.
니혼니 이키마쇼-
にほんに いきましょう。

❷ 한국에 옵시다.
캉 코쿠니 키마쇼-
かんこくに きましょう。

❸ 밥을 먹읍시다.
고항 오 타베마쇼-
ごはんを たべましょう。

❹ 술을 마십시다.
사케 오 노미마쇼-
さけを のみましょう。

❺ 불꽃놀이를 봅시다.
하나비오 미마쇼-
はなびを みましょう。

❻ 일본에 갈까요?
니혼니 이키마쇼-카
にほんに いきましょうか?

❼ 한국에 올까요?
캉 코쿠니 키마쇼-카
かんこくに きましょうか?

❽ 밥을 먹을까요?
고항 오 타베마쇼-카
ごはんを たべましょうか?

❾ 술을 마실까요?
사케 오 노미마쇼-카
さけを のみましょうか?

❿ 불꽃놀이를 볼까요?
하나비오 미마쇼-카
はなびを みましょうか?

문장 구조를 1초 만에 해석해 보자.

❶ 니 혼 니 이 키 마 쇼 -
にほんに いきましょう。
....

❷ 캉 코 쿠 니 키 마 쇼 -
かんこくに きましょう。
....

❸ 고 항 오 타 베 마 쇼 -
ごはんを たべましょう。
....

❹ 사 케 오 노 미 마 쇼 -
さけを のみましょう。
....

❺ 하 나 비 오 미 마 쇼 -
はなびを みましょう。
....

❻ 니 혼 니 이 키 마 쇼 - 카
にほんに いきましょうか?
....

❼ 캉 코 쿠 니 키 마 쇼 - 카
かんこくに きましょうか?
....

❽ 고 항 오 타 베 마 쇼 - 카
ごはんを たべましょうか?
....

❾ 사 케 오 노 미 마 쇼 - 카
さけを のみましょうか?
....

❿ 하 나 비 오 미 마 쇼 - 카
はなびを みましょうか?
....

문장 구조를 1초 만에 일본어로 말해 보자.

❶ 일본에 갑시다.
....

❷ 한국에 옵시다.
....

❸ 밥을 먹읍시다.
....

❹ 술을 마십시다.
....

❺ 불꽃놀이를 봅시다.
....

❻ 일본에 갈까요?
....

❼ 한국에 올까요?
....

❽ 밥을 먹을까요?
....

❾ 술을 마실까요?
....

❿ 불꽃놀이를 볼까요?
....

응용표현

함께 + 동사합시다/할까요? = いっしょに + 동사 ^{잇 쇼 니}**ましょう/ましょうか?**

*무엇인가를 함께 하고 싶을 때 '함께'에 해당하는 'いっしょに'를 활용하면 됩니다.

문장을 확장해 보자.

❶ 함께 일본에 갑시다.

^{잇 쇼 니 니 혼 니 이 키 마 쇼 -}
いっしょに にほんに いきましょう。

❷ 함께 밥을 먹읍시다.

^{잇 쇼 니 고 항 오 타 베 마 쇼 -}
いっしょに ごはんを たべましょう。

❸ 함께 술을 마십시다.

^{잇 쇼 니 사 케 오 노 미 마 쇼 -}
いっしょに さけを のみましょう。

❹ 함께 불꽃놀이를 봅시다.

^{잇 쇼 니 하 나 비 오 미 마 쇼 -}
いっしょに はなびを みましょう。

❺ 함께 일본에 갈까요?

^{잇 쇼 니 니 혼 니 이 키 마 쇼 - 카}
いっしょに にほんに いきましょうか?

❻ 함께 밥을 먹을까요?

^{잇 쇼 니 고 항 오 타 베 마 쇼 - 카}
いっしょに ごはんを たべましょうか?

❼ 함께 술을 마실까요?

^{잇 쇼 니 사 케 오 노 미 마 쇼 - 카}
いっしょに さけを のみましょうか?

❽ 함께 불꽃놀이를 볼까요?

^{잇 쇼 니 하 나 비 오 미 마 쇼 - 카}
いっしょに はなびを みましょうか?

문장 구조를 1초 만에 해석해 보자.

❶ いっしょに にほんに いきましょう。
잇 쇼니니 혼 니 이키마 쇼-

❷ いっしょに ごはんを たべましょう。
잇 쇼니고 항 오 타베마 쇼-

❸ いっしょに さけを のみましょう。
잇 쇼니사케오 노미마 쇼-

❹ いっしょに はなびを みましょう。
잇 쇼니하나비오 미마 쇼-

❺ いっしょに にほんに いきましょうか?
잇 쇼니니 혼 니 이키마 쇼-카

❻ いっしょに ごはんを たべましょうか?
잇 쇼니고 항 오 타베마 쇼-카

❼ いっしょに さけを のみましょうか?
잇 쇼니사케오 노미마 쇼-카

❽ いっしょに はなびを みましょうか?
잇 쇼니하나비오 미마 쇼-카

문장 구조를 1초 만에 일본어로 말해 보자.

❶ 함께 일본에 갑시다.

❷ 함께 밥을 먹읍시다.

❸ 함께 술을 마십시다.

❹ 함께 불꽃놀이를 봅시다.

❺ 함께 일본에 갈까요?

❻ 함께 밥을 먹을까요?

❼ 함께 술을 마실까요?

❽ 함께 불꽃놀이를 볼까요?

지나가는 행인에게 길을 묻고 있다. 🎧 MP3 22-02

나　^{아 노} ^{스 미 마 셍} あの…、すみません。　저…, 실례합니다.

행인　^{하 이} はい。　네.

나　^{토 - 쿄 - 타 와 - 와 도 코 데 스 카} とうきょうタワーは どこですか?

　　도쿄타워는 어디입니까?

행인　^{와 타 시 가 안 나 이 시 마 스} わたしが あんないします。

　　^{잇 쇼 니 이 키 마 쇼 -} いっしょに いきましょう。

　　제가 안내하겠습니다. 함께 갑시다.

나　^{하 이 오 네 가 이 시 마 스} はい、おねがいします。　네, 부탁합니다.

플러스 단어

^{스 미 마 셍} **すみません**실례합니다 | ^{토 - 쿄 - 타 와 -} **とうきょうタワー**도쿄타워 | ^{안 나 이} **あんない(案内)**안내 | ^{오 네 가 이 시 마 스} **おねがいします**부탁합니다

오모시로이 니홍고

1) 소라색: 하늘색

일본어로 '하늘'이란 뜻의 ^{소 라} そら(空)에서 유래된 것이 색과 합쳐진 말입니다.

2) 곤색: 감색, 남색

일본어로 '감색, 남색'이란 뜻의 ^콩 こん(紺)에서 유래된 것이 색과 합쳐진 말입니다.

PART 23

코 - 히 - 오
コーヒーを

노 미 나 가 라　이 키 마 스
のみながら いきます

커피를 마시면서 갑니다

학습 목표

동사를 활용하여 동시동작을 나타내는 표현을 말할 수 있다.

학습 포인트

☑ 동사 + 하면서 = 동사 + 나 가 라
ながら

☑ 동사하면서 + 동사합니다/했습니다 = 동사 나 가 라 마 스 마 시 타
ながら + 동사**ます/ました**

미리보기　🎧 MP3 23-01

코 - 히 -　　　　노 미 마 스　　　　　　　　이 키 마 스　　　　　　　　타 베 마 스
コーヒー 커피 | **のみます(飲みます)** 마십니다 | **いきます(行きます)** 갑니다 | **たべます(食べます)** 먹습니다

요 미 마 스　　　　　　　　　키 마 스　　　　　　　　오 니 기 리　　　　　　홍
よみます(読みます) 읽습니다 | **きます(来ます)** 옵니다 | **おにぎり** 주먹밥 | **ほん(本)** 책

01 동사의 동시동작 표현

동사 + 하면서 = 동사 + ながら
_{나 가 라}

✈ 동시동작을 나타내는 '~하면서'는 'ます' 대신 'ながら'를 연결하면 됩니다.
_{마 스}   _{나 가 라}

먹으면서 = たべながら
_{타 베 나 가 라}

....

마시면서 = のみながら
_{노 미 나 가 라}

....

읽으면서 = よみながら
_{요 미 나 가 라}

....

동사하면서 + 동사합니다 = 동사^{나가라}ながら + 동사^{마스}ます

동사하면서 + 동사했습니다 = 동사^{나가라}ながら + 동사^{마시타}ました

'동사^{나가라}ながら' 뒤에 '동사^{마스}ます' 문장을 연결하면 두 가지 동작을 동시에 하는 구체적인 문장을 말할 수 있습니다.

먹으면서 갑니다. = ^{타 베 나 가 라   이 키 마 스}たべながら いきます。

마시면서 옵니다. = ^{노 미 나 가 라   키 마 스}のみながら きます。

읽으면서 갔습니다. = ^{요 미 나 가 라   이 키 마 시 타}よみながら いきました。

문장 구조를 반복해서 연습해 보자.

❶ 먹으면서 옵니다.

타 베 나 가 라 키 마 스
たべながら きます。

❷ 마시면서 갑니다.

노 미 나 가 라 이 키 마 스
のみながら いきます。

❸ 읽으면서 왔습니다.

요 미 나 가 라 키 마 시 타
よみながら きました。

❹ 먹으면서 갑니다.

타 베 나 가 라 이 키 마 스
たべながら いきます。

❺ 마시면서 옵니다.

노 미 나 가 라 키 마 스
のみながら きます。

❻ 읽으면서 갔습니다.

요 미 나 가 라 이 키 마 시 타
よみながら いきました。

❼ 주먹밥을 먹으면서 갑니다.

오 니 기 리 오 타 베 나 가 라 이 키 마 스
おにぎりを たべながら いきます。

❽ 커피를 마시면서 갔습니다.

코 - 히 - 오 노 미 나 가 라 이 키 마 시 타
コーヒーを のみながら いきました。

❾ 책을 읽으면서 옵니다.

홍 오 요 미 나 가 라 키 마 스
ほんを よみながら きます。

❿ 책을 읽으면서 왔습니다.

홍 오 요 미 나 가 라 키 마 시 타
ほんを よみながら きました。

문장 구조를 1초 만에 해석해 보자.

① 타 베 나 가 라 키 마 스
たべながら きます。

② 노 미 나 가 라 이 키 마 스
のみながら いきます。

③ 요 미 나 가 라 키 마 시 타
よみながら きました。

④ 타 베 나 가 라 이 키 마 스
たべながら いきます。

⑤ 노 미 나 가 라 키 마 스
のみながら きます。

⑥ 요 미 나 가 라 이 키 마 시 타
よみながら いきました。

⑦ 오 니 기 리 오 타 베 나 가 라 이 키 마 스
おにぎりを たべながら いきます。

⑧ 코 - 히 - 오 노 미 나 가 라 이 키 마 시 타
コーヒーを のみながら いきました。

⑨ 홍 오 요 미 나 가 라 키 마 스
ほんを よみながら きます。

⑩ 홍 오 요 미 나 가 라 키 마 시 타
ほんを よみながら きました。

문장 구조를 1초 만에 일본어로 말해 보자.

① 먹으면서 옵니다.

② 마시면서 갑니다.

③ 읽으면서 왔습니다.

④ 먹으면서 갑니다.

⑤ 마시면서 옵니다.

⑥ 읽으면서 갔습니다.

⑦ 주먹밥을 먹으면서 갑니다.

⑧ 커피를 마시면서 갔습니다.

⑨ 책을 읽으면서 옵니다.

⑩ 책을 읽으면서 왔습니다.

응용표현

な형용사/い형용사한 + 명사을(를) + 동사하면서 + 동사합니다
= な형용사な/い형용사 + 명사を + 동사ながら + 동사ます

* '동사ながら' 표현에 형용사가 수식한 명사를 앞에 접속하여 긴 문장을 만들 수 있습니다.

문장을 확장해 보자.

❶ 싼 주먹밥을 먹으면서 갑니다.

やすい おにぎりを たべながら いきます。

❷ 싼 커피를 마시면서 갑니다.

やすい コーヒーを のみながら いきます。

❸ 싼 책을 읽으면서 갑니다.

やすい ほんを よみながら いきます。

❹ 맛있는 주먹밥을 먹으면서 갑니다.

おいしい おにぎりを たべながら いきます。

❺ 맛있는 커피를 마시면서 갑니다.

おいしい コーヒーを のみながら いきます。

❻ 좋아하는 주먹밥을 먹으면서 갑니다.

すきな おにぎりを たべながら いきます。

❼ 좋아하는 커피를 마시면서 갑니다.

すきな コーヒーを のみながら いきます。

❽ 좋아하는 책을 읽으면서 갑니다.

すきな ほんを よみながら いきます。

문장 구조를 1초 만에 해석해 보자.

① <ruby>やすい<rt>야 스 이</rt></ruby> <ruby>おにぎりを<rt>오 니 기 리 오</rt></ruby> <ruby>たべながら<rt>타 베 나 가 라</rt></ruby> <ruby>いきます<rt>이 키 마 스</rt></ruby>。

....

② <ruby>やすい<rt>야 스 이</rt></ruby> <ruby>コーヒーを<rt>코 - 히 - 오</rt></ruby> <ruby>のみながら<rt>노 미 나 가 라</rt></ruby> <ruby>いきます<rt>이 키 마 스</rt></ruby>。

....

③ <ruby>やすい<rt>야 스 이</rt></ruby> <ruby>ほんを<rt>홍 오</rt></ruby> <ruby>よみながら<rt>요 미 나 가 라</rt></ruby> <ruby>いきます<rt>이 키 마 스</rt></ruby>。

....

④ <ruby>おいしい<rt>오 이 시 -</rt></ruby> <ruby>おにぎりを<rt>오 니 기 리 오</rt></ruby> <ruby>たべながら<rt>타 베 나 가 라</rt></ruby> <ruby>いきます<rt>이 키 마 스</rt></ruby>。

....

⑤ <ruby>おいしい<rt>오 이 시 -</rt></ruby> <ruby>コーヒーを<rt>코 - 히 - 오</rt></ruby> <ruby>のみながら<rt>노 미 나 가 라</rt></ruby> <ruby>いきます<rt>이 키 마 스</rt></ruby>。

....

⑥ <ruby>すきな<rt>스 키 나</rt></ruby> <ruby>おにぎりを<rt>오 니 기 리 오</rt></ruby> <ruby>たべながら<rt>타 베 나 가 라</rt></ruby> <ruby>いきます<rt>이 키 마 스</rt></ruby>。

....

⑦ <ruby>すきな<rt>스 키 나</rt></ruby> <ruby>コーヒーを<rt>코 - 히 - 오</rt></ruby> <ruby>のみながら<rt>노 미 나 가 라</rt></ruby> <ruby>いきます<rt>이 키 마 스</rt></ruby>。

⑧ <ruby>すきな<rt>스 키 나</rt></ruby> <ruby>ほんを<rt>홍 오</rt></ruby> <ruby>よみながら<rt>요 미 나 가 라</rt></ruby> <ruby>いきます<rt>이 키 마 스</rt></ruby>。

문장 구조를 1초 만에 일본어로 말해 보자.

① 싼 주먹밥을 먹으면서 갑니다.

....

② 싼 커피를 마시면서 갑니다.

....

③ 싼 책을 읽으면서 갑니다.

....

④ 맛있는 주먹밥을 먹으면서 갑니다.

....

⑤ 맛있는 커피를 마시면서 갑니다.

....

⑥ 좋아하는 주먹밥을 먹으면서 갑니다.

....

⑦ 좋아하는 커피를 마시면서 갑니다.

....

⑧ 좋아하는 책을 읽으면서 갑니다.

카페에서 주문을 하고 있다. 🎧 MP3 23-02

나 　스 미 마 셍　　코 - 히 - 히 토 츠 쿠 다 사 이
　　すみません。コーヒー ひとつ ください。

　　여기요. 커피 하나 주세요.

점원 　하 이 　　도 - 조
　　はい、どうぞ。

　　네, 여기 있습니다.

나 　야 케 - 오 미 나 가 라 　노 미 마 스
　　やけいを みながら のみます。

　　야경을 보면서 마실 겁니다.

점원 　이 - 데 스 네
　　いいですね。

　　좋네요.

플러스 단어

히 토 츠 　　　　아 케 아 　　　미 마 스
ひとつ 하나 ｜ **やけい** 야경 ｜ **みます(見ます)** 봅니다

오모시로이 니홍고 🎈

1) 히야시: 찬 것, 차게 하다

일본어로 '차게 함, 식힘'이란 뜻의
　　　　　　　　　　　　　　　　히 야 시
ひやし(冷やし)에서 유래된 말입니다.

2) 사라: 접시

일본어로 '접시'란 뜻의
　　　　　　　　　사 라
さら(皿)에서 유래된 말입니다.

PART 24

코 - 히 - 오
コーヒーを
노 미 니 이 키 마 스
のみに いきます

커피를 마시러 갑니다

💡 학습 목표

동사를 활용하여 행위의 목적을 나타내는 표현을 말할 수 있다.

💡 학습 포인트

☑ 동사 + 하러 = 동사 + **に**
니

☑ 동사하러 + 동사합니다/했습니다 = 동사**に** + 동사**ます/ました**
니   마 스 마 시 타

💡 미리보기 🎧 MP3 24-01

코 - 히 -   노 미 마 스   이 키 마 스   타 베 마 스
コーヒー 커피 ┃ **のみます(飲みます)** 마십니다 ┃ **いきます(行きます)** 갑니다 ┃ **たべます(食べます)** 먹습니다

미 마 스   키 마 스   스 테 - 키   홍
みます(見ます) 봅니다 ┃ **きます(来ます)** 옵니다 ┃ **ステーキ** 스테이크 ┃ **ほん(本)** 책

호 테 루   데 파 - 토   홍 야
ホテル 호텔 ┃ **デパート** 백화점 ┃ **ほんや(本屋)** 서점

01 | 동사의 목적 표현

동사 + 하러 = 동사 + に

✈ 동작의 목적을 나타내는 '~하러'는 'ます' 대신 'に'를 붙이면 됩니다.

먹으러 = **たべに**

마시러 = **のみに**

보러 = **みに**

동사하러 + 동사합니다 = 동사に + 동사ます
^니 ^{마 스}

동사하러 + 동사했습니다 = 동사に + 동사ました
^니 ^{마 시 타}

'동사に' 뒤에 'ます/ました' 문장을 연결하면 동작의 목적을 이루기 위한 구체적인 문장을 말할 수 있습니다.

먹으러 갑니다. = たべに いきます。

마시러 옵니다. = のみに きます。

보러 갔습니다. = みに いきました。

문장 구조를 반복해서 연습해 보자.

❶ 먹으러 옵니다.　　　　　　　　타베니 키마스
　　　　　　　　　　　　　　　　たべに きます。

❷ 마시러 갑니다.　　　　　　　　노미니 이키마스
　　　　　　　　　　　　　　　　のみに いきます。

❸ 보러 갔습니다.　　　　　　　　미니 이키마시타
　　　　　　　　　　　　　　　　みに いきました。

❹ 먹으러 갑니다.　　　　　　　　타베니 이키마스
　　　　　　　　　　　　　　　　たべに いきます。

❺ 마시러 옵니다.　　　　　　　　노미니 키마스
　　　　　　　　　　　　　　　　のみに きます。

❻ 읽으러 갔습니다.　　　　　　　요미니 이키마시타
　　　　　　　　　　　　　　　　よみに いきました。

❼ 스테이크를 먹으러 갑니다.　　스테-키오 타베니 이키마스
　　　　　　　　　　　　　　　　ステーキを たべに いきます。

❽ 커피를 마시러 갔습니다.　　　코-히-오 노미니 이키마시타
　　　　　　　　　　　　　　　　コーヒーを のみに いきました。

❾ 책을 읽으러 갑니다.　　　　　홍 오 요미니 이키마스
　　　　　　　　　　　　　　　　ほんを よみに いきます。

❿ 책을 읽으러 왔습니다.　　　　홍 오 요미니 키마시타
　　　　　　　　　　　　　　　　ほんを よみに きました。

문장 구조를 1초 만에 해석해 보자.

❶ 타 베 니 키 마 스
たべに きます。

❷ 노 미 니 이 키 마 스
のみに いきます。

❸ 미 니 이 키 마 시 타
みに いきました。

❹ 타 베 니 이 키 마 스
たべに いきます。

❺ 노 미 니 키 마 스
のみに きます。

❻ 요 미 니 이 키 마 시 타
よみに いきました。

❼ 스 테 - 키 오 타 베 니 이 키 마 스
ステーキを たべに いきます。

❽ 코 - 히 - 오 노 미 니 이 키 마 시 타
コーヒーを のみに いきました。

❾ 홍 오 요 미 니 이 키 마 스
ほんを よみに いきます。

❿ 홍 오 요 미 니 키 마 시 타
ほんを よみに きました。

문장 구조를 1초 만에 일본어로 말해 보자.

❶ 먹으러 옵니다.

❷ 마시러 갑니다.

❸ 보러 갔습니다.

❹ 먹으러 갑니다.

❺ 마시러 옵니다.

❻ 읽으러 갔습니다.

❼ 스테이크를 먹으러 갑니다.

❽ 커피를 마시러 갔습니다.

❾ 책을 읽으러 갑니다.

❿ 책을 읽으러 왔습니다.

응용표현

장소에 + 명사을(를) + 동사하러 + 동사합니다

= 장소に + 명사を + 동사に + 동사ます

* '동사に' 표현에 장소와 목적어를 접속하여 긴 문장을 만들 수 있습니다.

문장을 확장해 보자.

❶ 호텔에 스테이크를 먹으러 갑니다.
ホテルに ステーキを たべに いきます。

❷ 호텔에 스테이크를 먹으러 옵니다.
ホテルに ステーキを たべに きます。

❸ 백화점에 커피를 마시러 갑니다.
デパートに コーヒーを のみに いきます。

❹ 백화점에 커피를 마시러 옵니다.
デパートに コーヒーを のみに きます。

❺ 서점에 책을 읽으러 갑니다.
ほんやに ほんを よみに いきます。

❻ 서점에 책을 읽으러 옵니다.
ほんやに ほんを よみに きます。

❼ 호텔에 커피를 마시러 갑니다.
ホテルに コーヒーを のみに いきます。

❽ 백화점에 스테이크를 먹으러 옵니다.
デパートに ステーキを たべに きます。

문장 구조를 1초 만에 해석해 보자.

① 호 테 루 니 스 테 - 키 오 타 베 니 이 키 마 스
ホテルに ステーキを たべに いきます。

....

② 호 테 루 니 스 테 - 키 오 타 베 니 키 마 스
ホテルに ステーキを たべに きます。

....

③ 데 파 - 토 니 코 - 히 - 오 노 미 니 이 키 마 스
デパートに コーヒーを のみに いきます。

....

④ 데 파 - 토 니 코 - 히 - 오 노 미 니 키 마 스
デパートに コーヒーを のみに きます。

....

⑤ 홍 야 니 홍 오 요 미 니 이 키 마 스
ほんやに ほんを よみに いきます。

....

⑥ 홍 야 니 홍 오 요 미 니 키 마 스
ほんやに ほんを よみに きます。

....

⑦ 호 테 루 니 코 - 히 - 오 노 미 니 이 키 마 스
ホテルに コーヒーを のみに いきます。

....

⑧ 데 파 - 토 니 스 테 - 키 오 타 베 니 키 마 스
デパートに ステーキを たべに きます。

....

문장 구조를 1초 만에 일본어로 말해 보자.

① 호텔에 스테이크를 먹으러 갑니다.

....

② 호텔에 스테이크를 먹으러 옵니다.

....

③ 백화점에 커피를 마시러 갑니다.

....

④ 백화점에 커피를 마시러 옵니다.

....

⑤ 서점에 책을 읽으러 갑니다.

....

⑥ 서점에 책을 읽으러 옵니다.

....

⑦ 호텔에 커피를 마시러 갑니다.

....

⑧ 백화점에 스테이크를 먹으러 옵니다.

....

선술집을 찾아가고 있다. 🎧 MP3 24-02

나 　스미마 셍　　오 이시-　이 자 카 야 와　도 코 데 스 카
　　すみません。 おいしい いざかやは どこですか？

　　실례합니다. 맛있는 선술집은 어디입니까?

점원 　비-루오 노미니 이키마스카　　자　아 소 코 데 스
　　ビールを のみに いきますか？　じゃ、あそこです。

　　맥주를 마시러 가십니까? 그럼, 저기입니다.

나 　미치 가
　　みちが……。

　　길이…….

점원 　안　나 이 시 마 스
　　あんないします。

　　안내하겠습니다.

플러스 단어

이 자 카 야　　　　　비-　루　　　마치　　　안　나 이
いざかや선술집 | **ビール**맥주 | **みち**길 | **あんない(案内)**안내

오모시로이 니홍고

1) 다대기: 다진 양념
　　　　　　　　　　　　　　　　　　　타 탁 키
일본어로 '두들김, 다짐'이란 뜻의 たたき(叩き)에서 유래된 말입니다.

2) 마호병: 보온병
　　　　　　　　　　　　마 호-
일본어로 '마법'이란 뜻의 まほう(魔法)와 병이 합쳐져 유래된 말로, 마법처럼 식지 않는다는 뜻입니다.

PART 25

코 ― 히 ― 오
コーヒーを
노 미 타 이 데 스
のみたいです
🌿 커피를 마시고 싶습니다

🔩 학습 목표

동사를 활용하여 희망하는 표현을 말할 수 있다.

🔩 학습 포인트

☑ 동사 + 하고 싶습니다/하고 싶었습니다 = 동사 +
타 이 데 스   타 칼 타 데 스
たいです/たかったです

☑ 동사 + 하고 싶지 않습니다/하고 싶지 않았습니다
타 쿠 아 리 마 셍   타 쿠 아 리 마 센 데 시 타
= 동사 + **たく ありません/たく ありませんでした**

🔩 미리보기 🎧 MP3 25-01

노 미 마 스   이 키 마 스   타 베 마 스
のみます(飲みます)마십니다 | **いきます(行きます)**갑니다 | **たべます(食べます)**먹습니다

토 ― 쿄 ―   오 ― 사 카   카 이 마 스   오 무 스 비
とうきょう(東京)도쿄 | **おおさか(大阪)**오사카 | **かいます(買います)**삽니다 | **おむすび**주먹밥

비 ― 루   에 ― 가   미 마 스   스 마 호
ビール맥주 | **えいが(映画)**영화 | **みます(見ます)**봅니다 | **スマホ**스마트폰

츠 카 이 마 스   칸 지   오 보 에 마 스
つかいます(使います)사용합니다 | **かんじ(漢字)**한자 | **おぼえます(覚えます)**외웁니다

살펴보기 🔍

01 희망 표현의 현재 긍정/과거 긍정

동사 + 하고 싶습니다 = 동사 + _{타 이 데 스} たいです

동사 + 하고 싶었습니다 = 동사 + _{타 칸 타 데 스} たかったです

✈ 동사 '_{마 스}ます' 대신 '_{타 이 데 스}たいです'를 붙이면 '동사하고 싶습니다'가 됩니다. 또한, '_{타 칸 타 데 스}たかったです'를 붙이면 '동사하고 싶었습니다'가 됩니다. '_{타 이}たい'는 い형용사와 똑같은 방법으로 시제를 나타내며, '_{타 이 데 스}たいです', '_{타 칸 타 데 스}たかったです' 뒤에 '_카か'를 붙이면 의문문이 됩니다.

가고 싶습니다. = _{이 키 타 이 데 스} いきたいです。

마시고 싶었습니다. = _{노 미 타 칸 타 데 스} のみたかったです。

가고 싶습니까? = _{이 키 타 이 데 스 카} いきたいですか?

먹고 싶었습니까? = _{타 베 타 칸 타 데 스 카} たべたかったですか?

동사 + 하고 싶지 않습니다 = 동사 + _{타 쿠 아리마 셍}たく ありません

동사 + 하고 싶지 않았습니다 = 동사 + _{타 쿠 아 리 마 셴 데 시 타}たくありませんでした

동사 '_{마 스}ます' 대신 '_{타 쿠 아리마 셍}たく ありません'을 붙이면 '동사하고 싶지 않습니다'가 됩니다. 또한, '_{타 쿠}たく _{아 리 마 셴 데 시 타}ありませんでした'를 붙이면 '동사하고 싶지 않았습니다'가 됩니다. '_{타 쿠 아리마 셍}たく ありません', '_{타 쿠}たく _{아 리 마 셴 데 시 타}ありませんでした' 뒤에 '_카か'를 붙이면 의문문이 됩니다.

가고 싶지 않습니다. = _{이 키 타 쿠 아 리 마 셍}いきたく ありません。

마시고 싶지 않았습니다. = _{노 미 타 쿠 아 리 마 셴 데 시 타}のみたく ありませんでした。

가고 싶지 않습니까? = _{이 키 타 쿠 아 리 마 셍 카}いきたく ありませんか?

먹고 싶지 않았습니까? = _{타 베 타 쿠 아 리 마 셴 데 시 타 카}たべたく ありませんでしたか?

문장 구조를 반복해서 연습해 보자.

① 도쿄에 가고 싶습니다.

토 - 쿄 - 니 이 키 타 이 데 스
とうきょうに いきたいです。

② 먹고 싶습니다.

타 베 타 이 데 스
たべたいです。

③ 마시고 싶었습니다.

노 미 타 캇 타 데 스
のみたかったです。

④ 오사카에 가고 싶습니까?

오 - 사 카 니 이 키 타 이 데 스 카
おおさかに いきたいですか?

⑤ 먹고 싶었습니까?

타 베 타 캇 타 데 스 카
たべたかったですか?

⑥ 가까운 도쿄에 가고 싶지 않습니다.

치 카 이 토 - 쿄 - 니 이 키 타 쿠 아 리 마 셍
ちかい とうきょうに いきたく ありません。

⑦ 먹고 싶지 않습니다.

타 베 타 쿠 아 리 마 셍
たべたく ありません。

⑧ 사고 싶지 않았습니다.

카 이 타 쿠 아 리 마 셍 데 시 타
かいたく ありませんでした。

⑨ 가까운 오사카에 가고 싶지 않습니까?

치 카 이 오 - 사 카 니 이 키 타 쿠 아 리 마 셍 카
ちかい おおさかに いきたく ありませんか?

⑩ 먹고 싶지 않았습니까?

타 베 타 쿠 아 리 마 셍 데 시 타 카
たべたく ありませんでしたか?

문장 구조를 1초 만에 해석해 보자.

① とうきょうに いきたいです。
_{토 - 쿄 - 니 이 키 타 이 데 스}

⑥ ちかい とうきょうに いきたくありません。
_{치 카 이 토 - 쿄 - 니 이 키 타 쿠 아 리 마 셍}

② たべたいです。
_{타 베 타 이 데 스}

⑦ たべたく ありません。
_{타 베 타 쿠 아 리 마 셍}

③ のみたかったです。
_{노 미 타 캇 타 데 스}

⑧ かいたく ありませんでした。
_{카 이 타 쿠 아 리 마 셍 데 시 타}

④ おおさかに いきたいですか?
_{오 - 사 카 니 이 키 타 이 데 스 카}

⑨ ちかい おおさかにいきたくありませんか?
_{치 카 이 오 - 사 카 니 이 키 타 쿠 아 리 마 셍 카}

⑤ たべたかったですか?
_{타 베 타 캇 타 데 스 카}

⑩ たべたくありませんでしたか?
_{타 베 타 쿠 아 리 마 셍 데 시 타 카}

문장 구조를 1초 만에 일본어로 말해 보자.

① 도쿄에 가고 싶습니다.

⑥ 가까운 도쿄에 가고 싶지 않습니다.

② 먹고 싶습니다.

⑦ 먹고 싶지 않습니다.

③ 마시고 싶었습니다.

⑧ 사고 싶지 않았습니다.

④ 오사카에 가고 싶습니까?

⑨ 가까운 오사카에 가고 싶지 않습니까?

⑤ 먹고 싶었습니까?

⑩ 먹고 싶지 않았습니까?

응용표현

な형용사/い형용사한 + 명사을(를) + 동사하고 싶습니다

= な형용사な/い형용사 + 명사を + 동사たいです

* 희망하는 대상을 나타낼 때 원칙적으로는 조사 'が'를 사용하지만 현대어에서는 조사 'を'를 많이 사용합니다.

문장을 확장해 보자.

❶ 맛있는 주먹밥을 먹고 싶습니다.
오 이 시 - 오 무 스 비 오 타 베 타 이 데 스
おいしい おむすびを たべたいです。

❷ 유명한 맥주를 마시고 싶습니다.
유 - 메 - 나 비 - 루 오 노 미 타 이 데 스
ゆうめいな ビールを のみたいです。

❸ 재미있는 영화를 보고 싶습니다.
오 모 시 로 이 에 - 가 오 미 타 이 데 스
おもしろい えいがを みたいです。

❹ 맛있는 맥주를 마시고 싶습니까?
오 이 시 - 비 - 루 오 노 미 타 이 데 스 카
おいしい ビールを のみたいですか?

❺ 편리한 스마트폰을 사용하고 싶습니다.
벤 리 나 스 마 호 오 츠 카 이 타 이 데 스
べんりな スマホを つかいたいです。

❻ 간단한 한자를 외우고 싶습니다.
칸 탄 나 칸 지 오 오 보 에 타 이 데 스
かんたんな かんじを おぼえたいです。

❼ 귀여운 자동차를 사고 싶습니다.
카 와 이 - 쿠 루 마 오 카 이 타 이 데 스
かわいい くるまを かいたいです。

❽ 귀여운 스마트폰을 사용하고 싶습니까?
카 와 이 - 스 마 호 오 츠 카 이 타 이 데 스 카
かわいい スマホを つかいたいですか?

문장 구조를 1초 만에 해석해 보자.

❶ おいしい おむすびを たべたいです。
(오이시- 오무스비오 타베타이데스)

❷ ゆうめいな ビールを のみたいです。
(유-메-나 비-루오 노미타이데스)

❸ おもしろい えいがを みたいです。
(오모시로이 에-가오 미타이데스)

❹ おいしい ビールを のみたいですか？
(오이시- 비-루오 노미타이데스카)

❺ べんりな スマホを つかいたいです。
(벤 리나 스마호오 츠카이타이데스)

❻ かんたんな かんじを おぼえたいです。
(칸 탄 나 칸 지오 오보에타이데스)

❼ かわいい くるまを かいたいです。
(카 와 이- 쿠루마오 카 이타이데스)

❽ かわいい スマホを つかいたいですか？
(카 와 이- 스마호오 츠카이타이데스카)

문장 구조를 1초 만에 일본어로 말해 보자.

❶ 맛있는 주먹밥을 먹고 싶습니다.

❷ 유명한 맥주를 마시고 싶습니다.

❸ 재미있는 영화를 보고 싶습니다.

❹ 맛있는 맥주를 마시고 싶습니까?

❺ 편리한 스마트폰을 사용하고 싶습니다.

❻ 간단한 한자를 외우고 싶습니다.

❼ 귀여운 자동차를 사고 싶습니다.

❽ 귀여운 스마트폰을 사용하고 싶습니까?

선술집에서 주문을 하고 있다. 🎧 MP3 25-02

나　おいしい おこのみやきが たべたいです。
<small>오이시- 오코노미야키가 타베타이데스</small>

맛있는 오코노미야키가 먹고 싶습니다.

점원　ここは やきとりが いちばん おいしいです。
<small>코코와 야키토리가 이치 방 오이시-데스</small>

여기는 닭꼬치가 가장 맛있습니다.

나　そうですか？
<small>소-데스카</small>

じゃ、おこのみやきと やきとり
<small>자 　오코노미야키토 야키토리</small>

おねがいします。
<small>오네가이시마스</small>

그렇습니까? 그럼 오코노미야키와 닭꼬치 부탁합니다.

점원　はい。　네.
<small>하이</small>

플러스 단어

おこのみやき(お好み焼き) 오코노미야키 | **やきとり(焼き鳥)** 닭꼬치 | **いちばん(一番)** 가장
<small>오코노미야키　　　　　　　　　　　아키토리　　　　　　　　　이치 방</small>

오모시로이 니홍고

스키야키(전골)

스키야키는 일본의 대표적인 쇠고기 전골요리입니다. 간장과 설탕을 섞어 만든 다레 (소스의 일종)에 고기, 두부, 실곤약 등을 넣고 조금씩 졸이면서 익혀서 먹어요. 대표적인 겨울철 별미로 추운 겨울에 친구들과 삼삼오오 모여 고타쓰에 둘러 앉아 스키야키 파티를 여는 경우가 많다고 해요.

✏️ PART 21에서 PART 25까지 배웠던 문형을 복습해 봅시다.

PART 21 ほっかいどうに いきません
혹 카 이 도 - 니 이 키 마 셍

- 동사＋하지않습니다＝동사＋**ません**
  마 셍
- 동사＋하지않았습니다＝동사＋**ませんでした**
  마 셍 데 시 타

PART 22 おきなわに いきましょう
오 키 나 와 니 이 키 마 쇼 -

- 동사＋합시다＝동사＋**ましょう**
  마 쇼 -
- 동사＋할까요?＝동사＋**ましょうか?**
  마 쇼 - 카

PART 23 コーヒーを のみながら いきます
코 - 히 - 오 노 미 나 가 라 이 키 마 스

- 동사＋하면서＝동사**ながら**
  나 가 라
- 동사하면서＋동사합니다/했습니다＝동사**ながら**＋동사**ます/ました**
  나 가 라 마 스 마 시 타

PART 24 コーヒーを のみに いきます
코 - 히 - 오 노 미 니 이 키 마 스

- 동사＋하러＝동사＋**に**
  니
- 동사하러＋동사합니다/했습니다＝동사**に**＋동사**ます/ました**
  니 마 스 마 시 타

PART 25 コーヒーを のみたいです
코 - 히 - 오 노 미 타 이 데 스

- 동사＋하고 싶습니다/하고 싶었습니다 ＝동사＋**たいです/たかったです**
  타 이 데 스 타 칸 타 데 스
- 동사＋하고 싶지 않습니다/하고 싶지 않았습니다＝동사＋**たくありません/たくありませんでした**
  타 쿠 아 리 마 셍 타 쿠 아 리 마 셍 데 시 타

앞에서 배웠던 문형에 추가 단어들을 적용해 연습해 봅시다.

읽는 법	한자	품사	뜻
키 마 스 きます	来ます	동사	옵니다
요 미 마 스 よみます	読みます	동사	읽습니다
우 리 마 스 うります	売ります	동사	팝니다
이 리 마 스 いります	要ります	동사	필요합니다
네 쿠 타 이 ネクタイ		명사	넥타이
시 메 마 스 しめます	締めます	동사	맵니다
아 마 리 마 스 あまります	余ります	동사	남습니다
키 니 이 리 마 스 きにいります	気に 入ります	동사	마음에 듭니다
츠 쿠 리 마 스 つくります	作ります	동사	만듭니다
츠 카 이 마 스 つかいます	使います	동사	사용합니다
아 이 마 스 あいます	合います	동사	맞습니다
소 - 지 오 시 마 스 そうじを します	掃除を します	동사	청소를 합니다
아 라 이 마 스 あらいます	洗います	동사	씻습니다
니 아 이 마 스 にあいます	似合います	동사	어울립니다
니 홍 にほん	日本	명사	일본
이 키 마 스 いきます	行きます	동사	갑니다

읽는 법	한자	품사	뜻
_{우 타 이 마 스} うたいます	歌います	동사	노래합니다
_{토 리 케 시 마 스} とりけします	取り消します	동사	취소합니다
_{타 노 미 마 스} たのみます	頼みます	동사	부탁합니다
_{벵 쿄 - 시 마 스} べんきょうします	勉強します	동사	공부합니다
_{뎅 와 시 마 스} でんわします	電話します	동사	전화합니다
_{우 타 오 키 키 마 스} うたを ききます	歌を 聴きます	동사	노래를 듣습니다
_{나 키 마 스} なきます	泣きます	동사	웁니다
_{하 나 시 마 스} はなします	話します	동사	이야기합니다
_{아 루 키 마 스} あるきます	歩きます	동사	걷습니다
_{운 도 - 시 마 스} うんどうします	運動します	동사	운동합니다
_{키 키 마 스} ききます	聞きます	동사	듣습니다, 묻습니다
_{노 미 마 스} のみます	飲みます	동사	마십니다
_{나 라 이 마 스} ならいます	習います	동사	배웁니다
_{타 스 케 마 스} たすけます	助けます	동사	돕습니다
_{타 베 마 스} たべます	食べます	동사	먹습니다
_{아 야 마 리 마 스} あやまります	謝ります	동사	사과합니다

읽는 법	한자	품사	뜻
_{타 시 카 메 마 스} たしかめます	確かめます	동사	확인합니다
_{아 이 마 스} あいます	会います	동사	만납니다
_{코 피 - 시 마 스} コピーします		동사	복사합니다
_{안 나 이 시 마 스} あんないします	案内します	동사	안내합니다
_{키 메 마 스} きめます	決めます	동사	정합니다
_{에 라 비 마 스} えらびます	選びます	동사	고릅니다
_{오 보 에 마 스} おぼえます	覚えます	동사	외웁니다
_{코 토 와 리 마 스} ことわります	断ります	동사	거절합니다
_{마 치 마 스} まちます	待ちます	동사	기다립니다
_{카 에 리 마 스} かえります	帰ります	동사	돌아갑니다, 돌아옵니다
_{키 가 에 마 스} きがえます	着替えます	동사	갈아입습니다
_{오 후 로 니 하 이 리 마 스} おふろに はいります	お風呂に 入ります	동사	목욕합니다
_{칸 세 루 시 마 스} キャンセルします		동사	취소합니다
_{니 게 마 스} にげます	逃げます	동사	도망칩니다
_{마 나 비 마 스} まなびます	学びます	동사	배웁니다

PART 26

소 코 와 이 키 야 스 이 데 스
そこは いきやすいです

그곳은 가기 편합니다

학습 목표

야 스 이
'**やすい**'를 사용하여 '~하기 편하다'라는 표현을 말할 수 있다.

학습 포인트

☑ 동사 + 하기 편합니다/하기 편했습니다
야 스 이 데 스 야 스 칸 타 데 스
= 동사 + **やすいです**/**やすかったです**

☑ 동사 + 하기 편하지 않습니다/하기 편하지 않았습니다
야 스 쿠 아 리 마 셍 야 스 쿠 아 리 마 센 데 시 타
= 동사 + **やすく ありません**/**やすく ありませんでした**

미리보기 🎧 MP3 26-01

이 키 마 스 　　　　　　타 베 마 스 　　　　　　노 미 마 스
いきます(行きます) 갑니다 | **たべます(食べます)** 먹습니다 | **のみます(飲みます)** 마십니다

미 마 스 　　　　　소 코 　　　 오 니 기 리 　　　 오 미 즈 　　　　 스 마 호 　　　　　 카 라
みます(見ます) 봅니다 | **そこ** 그곳 | **おにぎり** 주먹밥 | **おみず(お水)** 물 | **スマホ** 스마트폰 | **から** ~때문에

이 - 데 스 　　　 츠 카 이 마 스 　　　　　　스 키 데 스
いいです 좋습니다 | **つかいます(使います)** 사용합니다 | **すきです(好きです)** 좋아합니다

오 보 에 마 스
おぼえます(覚えます) 외웁니다

01 '~하기 편하다' 현재 긍정/과거 긍정

동사 + 하기 편합니다 = 동사 + やすいです
_{야 스 이 데 스}

동사 + 하기 편했습니다 = 동사 + やすかったです
_{야 스 칸 타 데 스}

동사 'ます' 대신 'やすいです'를 붙이면 '동사하기 편합니다'가 됩니다. 또한, 'やすかったです'를 붙이면 '동사하기 편했습니다'가 됩니다. 'やすい'는 い형용사와 똑같은 방법으로 시제를 나타내며, 'やすいです', 'やすかったです' 뒤에 'か'를 붙이면 의문문이 됩니다.

가기 편합니다. = いきやすいです。
_{이 키 야 스 이 데 스}

먹기 편했습니다. = たべやすかったです。
_{타 베 야 스 칸 타 데 스}

마시기 편합니까? = のみやすいですか？
_{노 미 야 스 이 데 스 카}

보기 편했습니까? = みやすかったですか？
_{미 야 스 칸 타 데 스 카}

02 '~하기 편하다' 현재 부정/과거 부정

동사 + 하기 편하지 않습니다 = 동사 + ^{아 스 쿠 아 리 마 셍}やすく ありません

동사 + 하기 편하지 않았습니다 = 동사 + ^{야 스 쿠 아 리 마 센 데 시 타}やすく ありませんでした

동사 '^{마 스}ます' 대신 '^{야 스 쿠 아 리 마 셍}やすく ありません'을 붙이면 '동사하기 편하지 않습니다'가 됩니다. 또한, '^{야 스 쿠 아 리 마 센 데 시 타}やすく ありませんでした'를 붙이면 '동사하기 편하지 않았습니다'가 됩니다. '^{야 스 쿠}やすく ^{아 리 마 셍}ありません', '^{야 스 쿠 아 리 마 센 데 시 타}やすく ありませんでした' 뒤에 '^카か'를 붙이면 의문문이 됩니다.

가기 편하지 않습니다. = ^{이 키 야 스 쿠 아 리 마 셍}いきやすく ありません。

먹기 편하지 않았습니다. = ^{타 베 야 스 쿠 아 리 마 센 데 시 타}たべやすく ありませんでした。

마시기 편하지 않습니까? = ^{노 미 야 스 쿠 아 리 마 셍 카}のみやすく ありませんか?

보기 편하지 않았습니까? = ^{미 야 스 쿠 아 리 마 센 데 시 타 카}みやすく ありませんでしたか?

문장 구조를 반복해서 연습해 보자.

❶ 그곳은 가기 편합니다.

そこは いきやすいです。

❷ 주먹밥은 먹기 편합니다.

おにぎりは たべやすいです。

❸ 물은 마시기 편했습니다.

おみずは のみやすかったです。

❹ 그곳은 가기 편합니까?

そこは いきやすいですか?

❺ 스마트폰은 보기 편했습니까?

スマホは みやすかったですか?

❻ 그곳은 가기 편하지 않습니다.

そこは いきやすく ありません。

❼ 주먹밥은 먹기 편하지 않습니다.

おにぎりは たべやすく ありません。

❽ 물은 사기 편하지 않았습니다.

おみずは かいやすく ありませんでした。

❾ 그곳은 가기 편하지 않습니까?

そこは いきやすく ありませんか?

❿ 주먹밥은 먹기 편하지 않았습니까?

おにぎりは たべやすく ありませんでしたか?

문장 구조를 **1초 만에 해석**해 보자.

❶ 소 코 와 이 키 야 스 이 데 스
そこは いきやすいです。

❷ 오 니 기 리 와 타 베 야 스 이 데 스
おにぎりは たべやすいです。

❸ 오 미 즈 와 노 미 야 스 캇 타 데 스
おみずは のみやすかったです。

❹ 소 코 와 이 키 야 스 이 데 스 카
そこは いきやすいですか?

❺ 스 마 호 와 미 야 스 캇 타 데 스 카
スマホは みやすかったですか?

❻ 소 코 와 이 키 야 스 쿠 아 리 마 셍
そこは いきやすく ありません。

❼ 오 니 기 리 와 타 베 야 스 쿠 아 리 마 셍
おにぎりは たべやすく ありません。

❽ 오 미 즈 와 카 이 야 스 쿠 아 리 마 셍 데 시 타
おみずは かいやすく ありませんでした。

❾ 소 코 와 이 키 야 스 쿠 아 리 마 셍 카
そこは いきやすく ありませんか?

❿ 오 니 기 리 와 타 베 야 스 쿠 아 리 마 셍 데 시 타 카
おにぎりは たべやすく ありませんでしたか?

문장 구조를 **1초 만에 일본어**로 말해 보자.

❶ 그곳은 가기 편합니다.

❷ 주먹밥은 먹기 편합니다.

❸ 물은 마시기 편했습니다.

❹ 그곳은 가기 편합니까?

❺ 스마트폰은 보기 편했습니까?

❻ 그곳은 가기 편하지 않습니다.

❼ 주먹밥은 먹기 편하지 않습니다.

❽ 물은 사기 편하지 않았습니다.

❾ 그곳은 가기 편하지 않습니까?

❿ 주먹밥은 먹기 편하지 않았습니까?

응용표현

동사하기 편하기 + 때문에 + **な**형용사/**い**형용사합니다
= 동사**やすいです** + から + **な**형용사/**い**형용사**です**

* '~때문에'라는 뜻의 'から'를 이용하여 이유를 나타내는 표현을 말할 수 있습니다.

❀ 문장을 확장해 보자.

❶ 먹기 편하기 때문에 좋습니다.

타 베 야 스 이 데 스 카 라 이 - 데 스
たべやすいですから いいです。

❷ 마시기 편하기 때문에 좋습니다.

노 미 야 스 이 데 스 카 라 이 - 데 스
のみやすいですから いいです。

❸ 보기 편하기 때문에 좋습니다.

미 야 스 이 데 스 카 라 이 - 데 스
みやすいですから いいです。

❹ 사용하기 편하기 때문에 좋습니다.

츠 카 이 야 스 이 데 스 카 라 이 - 데 스
つかいやすいですから いいです。

❺ 먹기 편하기 때문에 좋아합니다.

타 베 야 스 이 데 스 카 라 스 키 데 스
たべやすいですから すきです。

❻ 마시기 편하기 때문에 좋아합니다.

노 미 야 스 이 데 스 카 라 스 키 데 스
のみやすいですから すきです。

❼ 보기 편하기 때문에 좋아합니다.

미 야 스 이 데 스 카 라 스 키 데 스
みやすいですから すきです。

❽ 외우기 편하기 때문에 좋아합니다.

오 보 에 야 스 이 데 스 카 라 스 키 데 스
おぼえやすいですから すきです。

문장 구조를 1초 만에 해석해 보자.

❶ 타 베 야 스 이 데 스 카 라 이 - 데 스
たべやすいですから いいです。

❺ 타 베 야 스 이 데 스 카 라 스 키 데 스
たべやすいですから すきです。

❷ 노 미 야 스 이 데 스 카 라 이 - 데 스
のみやすいですから いいです。

❻ 노 미 야 스 이 데 스 카 라 스 키 데 스
のみやすいですから すきです。

❸ 미 야 스 이 데 스 카 라 이 - 데 스
みやすいですから いいです。

❼ 미 야 스 이 데 스 카 라 스 키 데 스
みやすいですから すきです。

❹ 츠 카 이 야 스 이 데 스 카 라 이 - 데 스
つかいやすいですから いいです。

❽ 오 보 에 야 스 이 데 스 카 라 스 키 데 스
おぼえやすいですから すきです。

문장 구조를 1초 만에 일본어로 말해 보자.

❶ 먹기 편하기 때문에 좋습니다.

❺ 먹기 편하기 때문에 좋아합니다.

❷ 마시기 편하기 때문에 좋습니다.

❻ 마시기 편하기 때문에 좋아합니다.

❸ 보기 편하기 때문에 좋습니다.

❼ 보기 편하기 때문에 좋아합니다.

❹ 사용하기 편하기 때문에 좋습니다.

❽ 외우기 편하기 때문에 좋아합니다.

술을 주문하고 있다. 🎧 MP3 26-02

나   _{도 노 오 사 케 가   노 미 야 스 이 데 스 카}
     どのおさけが のみやすいですか?

     어느 술이 마시기 편합니까?

점원   _{코 노 오 사 케 가   노 미 야 스 이 데 스}
     このおさけが のみやすいです。

     이 술이 마시기 편합니다.

나   _{쟈   코 레 쿠 다 사 이}
     じゃ、これ ください。

     그럼, 이거 주세요.

점원   _{하 이}
     はい。

     네.

플러스 단어

_{도 노}   _{코 노}   _{오 사 케}
どの 어느 | **この** 이 | **おさけ**(酒) 술

오모시로이 니홍고

1) 산보: 산책

일본어로 '산책'이란 뜻의 _{삼 포} さんぽ(散歩)에서 유래된 말입니다.

2) 요지: 이쑤시개

일본어로 '이쑤시개'란 뜻의 _{요 지} ようじ(楊枝)에서 유래된 말입니다.

PART 27

코 레 와 타 베 니 쿠 이 데 스
これは たべにくいです
이것은 먹기 힘듭니다

💡 **학습 목표**

니 쿠 이
'にくい'를 사용하여 '~하기 힘들다'라는 표현을 말할 수 있다.

💡 **학습 포인트**

☑ 동사 + 하기 힘듭니다/하기 힘들었습니다 = 동사 + 니 쿠 이 데 스 니 쿠 칻 타 데 스
にくいです/にくかったです

☑ 동사 + 하기 힘들지 않습니다/하기 힘들지 않았습니다
니 쿠 쿠 아 리 마 셍 니 쿠 쿠 아 리 마 센 데 시 타
= 동사 + にくくありません/にくくありませんでした

💡 **미리보기** 🎧 MP3 27-01

타 베 마 스   이 키 마 스   노 미 마 스
たべます(食べます) 먹습니다 | いきます(行きます) 갑니다 | のみます(飲みます) 마십니다

미 마 스   오 키 나 와   낟 토 -   위 스 키
みます(見ます) 봅니다 | おきなわ(沖縄) 오키나와 | なっとう 낫토 | ウィスキー 위스키

츠 카 이 마 스   오 보 에 마 스
つかいます(使います) 사용합니다 | おぼえます(覚えます) 외웁니다

01 '~하기 힘들다' 현재 긍정/과거 긍정

동사 + 하기 힘듭니다 = 동사 + にくいです
_{니 쿠 이 데 스}

동사 + 하기 힘들었습니다 = 동사 + にくかったです
_{니 쿠 캇 타 데 스}

✈ 동사 'ます' 대신 'にくいです'를 붙이면 '동사하기 힘듭니다'가 됩니다. 또한, 'にくかったです'를
_{마 스} _{니 쿠 이 데 스} _{니 쿠 캇 타 데 스}
붙이면 '동사하기 힘들었습니다'가 됩니다. 'にくい'는 い형용사와 똑같은 방법으로 시제를 나타
_{니 쿠 이} _이
내며, 'にくいです', 'にくかったです' 뒤에 'か'를 붙이면 의문문이 됩니다.
_{니 쿠 이 데 스} _{니 쿠 캇 타 데 스} _카

가기 힘듭니다. = いきにくいです。
_{이 키 니 쿠 이 데 스}

먹기 힘들었습니다. = たべにくかったです。
_{타 베 니 쿠 캇 타 데 스}

마시기 힘듭니까? = のみにくいですか?
_{노 미 니 쿠 이 데 스 카}

보기 힘들었습니까? = みにくかったですか?
_{미 니 쿠 캇 타 데 스 카}

동사 + 하기 힘들지 않습니다 = 동사 + にくくありません
동사 + 하기 힘들지 않았습니다 = 동사 + にくくありませんでした

동사 'ます' 대신 'にくく ありません'을 붙이면 '동사하기 힘들지 않습니다'가 됩니다. 또한, 'にくく ありませんでした'를 붙이면 '동사하기 힘들지 않았습니다'가 됩니다. 'にくく ありません', 'にくく ありませんでした' 뒤에 'か'를 붙이면 의문문이 됩니다.

가기 힘들지 않습니다. = いきにくく ありません。

먹기 힘들지 않았습니다. = たべにくく ありませんでした。

마시기 힘들지 않습니까? = のみにくく ありませんか？

보기 힘들지 않았습니까? = みにくく ありませんでしたか？

문장 구조를 반복해서 연습해 보자.

❶ 오키나와는 가기 힘듭니다.

오 키 나 와 와 이 키 니 쿠 이 데 스
おきなわは いきにくいです。

❷ 낫토는 먹기 힘듭니다.

낟 토 - 와 타 베 니 쿠 이 데 스
なっとうは たべにくいです。

❸ 위스키는 마시기 힘들었습니다.

위 스 키 - 와 노 미 니 쿠 캍 타 데 스
ウィスキーは のみにくかったです。

❹ 오키나와는 가기 힘듭니까?

오 키 나 와 와 이 키 니 쿠 이 데 스 카
おきなわは いきにくいですか?

❺ 스마트폰은 보기 힘들었습니까?

스 마 호 와 미 니 쿠 캍 타 데 스 카
スマホは みにくかったですか?

❻ 오키나와는 가기 힘들지 않습니다.

오 키 나 와 와 이 키 니 쿠 쿠 아 리 마 셍
おきなわは いきにくく ありません。

❼ 낫토는 먹기 힘들지 않습니다.

낟 토 - 와 타 베 니 쿠 쿠 아 리 마 셍
なっとうは たべにくく ありません。

❽ 스마트폰은 사기 힘들지 않았습니다.

스 마 호 와 카 이 니 쿠 쿠 아 리 마 셍 데 시 타
スマホは かいにくく ありませんでした。

❾ 오키나와는 가기 힘들지 않습니까?

오 키 나 와 와 이 키 니 쿠 쿠 아 리 마 셍 카
おきなわは いきにくく ありませんか?

❿ 낫토는 먹기 힘들지 않았습니까?

낟 토 - 와 타 베 니 쿠 쿠 아 리 마 셍 데 시 타 카
なっとうは たべにくく ありませんでしたか?

문장 구조를 **1초 만에 해석**해 보자.

오 키 나 와 와 이 키 니 쿠 이 데 스
❶ おきなわは いきにくいです。
....

낱 토 - 와 타 베 니 쿠 이 데 스
❷ なっとうは たべにくいです。
....

위 스 키 - 와 노 미 니 쿠 칻 타 데 스
❸ ウィスキーは のみにくかったです。
....

오 키 나 와 와 이 키 니 쿠 이 데 스 카
❹ おきなわは いきにくいですか?
....

스 마 호 와 미 니 쿠 칻 타 데 스 카
❺ スマホは みにくかったですか?
....

오 키 나 와 와 이 키 니 쿠쿠 아 리 마 셍
❻ おきなわは いきにくく ありません。
....

낱 토 - 와 타 베 니 쿠쿠 아 리 마 셍
❼ なっとうは たべにくく ありません。
....

스 마 호 와 카 이 니 쿠쿠 아 리 마 셴 데 시 타
❽ スマホは かいにくく ありませんでした。
....

오 키 나 와 와 이 키 니 쿠쿠 아 리 마 셍 카
❾ おきなわは いきにくく ありませんか?
....

낱 토 - 와 타 베 니 쿠쿠 아 리 마 셴 데 시 타 카
❿ なっとうは たべにくく ありませんでしたか?
....

문장 구조를 **1초 만에 일본어**로 말해 보자.

❶ 오키나와는 가기 힘듭니다.
....

❷ 낫토는 먹기 힘듭니다.
....

❸ 위스키는 마시기 힘들었습니다.
....

❹ 오키나와는 가기 힘듭니까?
....

❺ 스마트폰은 보기 힘들었습니까?
....

❻ 오키나와는 가기 힘들지 않습니다.
....

❼ 낫토는 먹기 힘들지 않습니다.
....

❽ 스마트폰은 사기 힘들지 않았습니다.
....

❾ 오키나와는 가기 힘들지 않습니까?
....

❿ 낫토는 먹기 힘들지 않았습니까?
....

응용표현

동사하기 힘들기 + 때문에 + **な형용사/い형용사합니다**

= 동사**にくいです** + **から** + **な형용사/い형용사です**

* '~때문에'라는 뜻의 'から'를 이용하여 이유를 나타내는 표현을 말할 수 있습니다.

문장을 확장해 보자.

❶ 먹기 힘들기 때문에 싫습니다.

타 베 니 쿠 이 데 스 카 라 이 야 데 스
たべにくいですから いやです。

---

❷ 마시기 힘들기 때문에 싫습니다.

노 미 니 쿠 이 데 스 카 라 이 야 데 스
のみにくいですから いやです。

---

❸ 보기 힘들기 때문에 싫습니다.

미 니 쿠 이 데 스 카 라 이 야 데 스
みにくいですから いやです。

---

❹ 사용하기 힘들기 때문에 싫습니다.

츠 카 이 니 쿠 이 데 스 카 라 이 야 데 스
つかいにくいですから いやです。

---

❺ 먹기 힘들기 때문에 좋아하지 않습니다.

타 베 니 쿠 이 데 스 카 라 스 키 쟈 아 리 마 셍
たべにくいですから すきじゃ ありません。

---

❻ 마시기 힘들기 때문에 좋아하지 않습니다.

노 미 니 쿠 이 데 스 카 라 스 키 쟈 아 리 마 셍
のみにくいですから すきじゃ ありません。

---

❼ 보기 힘들기 때문에 좋아하지 않습니다.

미 니 쿠 이 데 스 카 라 스 키 쟈 아 리 마 셍
みにくいですから すきじゃ ありません。

---

❽ 외우기 힘들기 때문에 좋아하지 않습니다.

오 보 에 니 쿠 이 데 스 카 라 스 키 쟈 아 리 마 셍
おぼえにくいですから すきじゃ ありません。

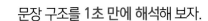

문장 구조를 1초 만에 해석해 보자.

❶ たべにくいですから いやです。
타 베 니 쿠 이 데 스 카 라 　이 야 데 스

....

❷ のみにくいですから いやです。
노 미 니 쿠 이 데 스 카 라 　이 야 데 스

....

❸ みにくいですから いやです。
미 니 쿠 이 데 스 카 라 　이 야 데 스

....

❹ つかいにくいですから いやです。
츠 카 이 니 쿠 이 데 스 카 라 　이 야 데 스

....

❺ たべにくいですから すきじゃ ありません。
타 베 니 쿠 이 데 스 카 라 　스 키 쟈 　아 리 마 　셍

....

❻ のみにくいですから すきじゃ ありません。
노 미 니 쿠 이 데 스 카 라 　스 키 쟈 　아 리 마 　셍

....

❼ みにくいですから すきじゃ ありません。
미 니 쿠 이 데 스 카 라 　스 키 쟈 　아 리 마 　셍

....

❽ おぼえにくいですから すきじゃ ありません。
오 보 에 니 쿠 이 데 스 카 라 　스 키 쟈 　아 리 마 　셍

....

문장 구조를 1초 만에 일본어로 말해 보자.

❶ 먹기 힘들기 때문에 싫습니다.

....

❷ 마시기 힘들기 때문에 싫습니다.

....

❸ 보기 힘들기 때문에 싫습니다.

....

❹ 사용하기 힘들기 때문에 싫습니다.

....

❺ 먹기 힘들기 때문에 좋아하지 않습니다.

....

❻ 마시기 힘들기 때문에 좋아하지 않습니다.

....

❼ 보기 힘들기 때문에 좋아하지 않습니다.

....

❽ 외우기 힘들기 때문에 좋아하지 않습니다.

....

점원과 술에 대해 이야기하고 있다. 🎧 MP3 27-02

코 노 오 사 케　　　노 미 니 쿠 이 데 스 네

나　このおさけ……、のみにくいですね。

이 술……, 마시기 어렵네요.

소 - 데 스 카　코 레 와　도 - 데 스 카

점원　そうですか? これは どうですか?

그렇습니까? 이것은 어떻습니까?

아　코 레 와　오 이 시 - 데 스 네

나　あ! これは おいしいですね。

아! 이것은 맛있네요.

와 타 시 모　코 레 가　스 키 데 스

점원　わたしも これが すきです。

저도 이것을 좋아합니다.

플러스 단어

오 사 케
おさけ(お酒) 술 ｜ 소 - 데 스 카 **そうですか?** 그렇습니까? ｜ 도 - 데 스 카 **どうですか?** 어떻습니까?

오모시로이 니홍고

1) 낑깡: 금귤

일본어로 '금귤'이란 뜻의 きんかん(金柑)에서 유래된 말입니다.

2) 후까시: 허세부리다

일본어로 '티를 냄'이란 뜻의 ふかし(吹かし)에서 유래된 말입니다.

PART 28

_{나 니 오 타 베 니}
なにを たべに
_{이 키 마 스 카}
いきますか？

무엇을 먹으러 갑니까?

🕯 학습 목표

'무엇을', '언제', '누구와', '어디에', '어느 것을' 등과 같은 의문사를 사용하여 '~하러 갑니까?'라고 물어 보고 각 의문사에 맞게 대답할 수 있다.

🕯 학습 포인트

☑ 무엇을/언제 + 동사 + 하러 갑니까? = _{나니오 이츠} _{니 이 키 마 스 카} **なにを/いつ** + 동사 + **にいきますか？**

☑ 누구와/어디에 + 동사 + 하러 갑니까? = _{다 레 토 도 코 니} _{니 이 키 마 스 카} **だれと/どこに** + 동사 + **にいきますか？**

☑ 어느 것을 + 동사 + 하러 갑니까? = _{도 레 오} _{니 이 키 마 스 카} **どれを** + 동사 + **にいきますか？**

🕯 미리보기 🎧 MP3 28-01

_{타 베 마 스} _{이 키 마 스} _{스 시}
たべます(食べます) 먹습니다 | **いきます(行きます)** 갑니다 | **すし(寿司)** 초밥

_{쿄 -} _{토 모 다 치} _{토 - 쿄 -}
きょう(今日) 오늘 | **ともだち(友達)** 친구 | **とうきょう(東京)** 도쿄

01 '무엇을', '언제'에 해당하는 문장구조

무엇을 + 동사 + 하러 갑니까? = なにを + 동사 + にいきますか?
<small>나니오</small> <small>니이키마스카</small>

언제 + 동사 + 하러 갑니까? = いつ + 동사 + にいきますか?
<small>이츠</small> <small>니이키마스카</small>

✈ '무엇을'을 뜻하는 의문사 'なにを'와 '언제'를 뜻하는 의문사 'いつ'에 '동사하러 갑니까?'라는 표현
인 '동사にいきますか?'를 연결하여 의문문을 만들 수 있습니다.
<small>나니오</small> <small>이츠</small>
<small>니이키마스카</small>

무엇을 먹으러 갑니까? = なにを たべに いきますか?
<small>나니오 타베니 이키마스카</small>

- -

언제 먹으러 갑니까? = いつ たべに いきますか?
<small>이츠 타베니 이키마스카</small>

02 '누구와', '어디에'에 해당하는 문장구조

누구와 + 동사 + 하러 갑니까? = だれと + 동사 + にいきますか?
<small>다레토</small> <small>니이키마스카</small>

어디에 + 동사 + 하러 갑니까? = どこに + 동사 + にいきますか?
<small>도코니</small> <small>니이키마스카</small>

✈ '누구와'를 뜻하는 의문사 'だれと'와 '어디에'를 뜻하는 의문사 'どこに'에 '동사하러 갑니까?'라는
표현인 '동사にいきますか?'를 연결하여 의문문을 만들 수 있습니다.
<small>다레토</small> <small>도코니</small>
<small>니이키마스카</small>

누구와 먹으러 갑니까? = だれと たべに いきますか?
<small>다레토 타베니 이키마스카</small>

- -

어디에 먹으러 갑니까? = どこに たべに いきますか?
<small>도코니 타베니 이키마스카</small>

어느 것을 + 동사 + 하러 갑니까? = <ruby>どれを<rt>도 레 오</rt></ruby> + 동사 + <ruby>にいきますか?<rt>니 이 키 마 스 카</rt></ruby>

'어느 것을'을 뜻하는 의문사 '<ruby>どれを<rt>도 레 오</rt></ruby>'에 '동사하러 갑니까?'라는 표현인 '동사<ruby>に いきますか?<rt>니 이 키 마 스 카</rt></ruby>'를 연결하여 의문문을 만들 수 있습니다. 이에 대한 대답으로 어느 것을 동사하러 갈 것인지 지시 대명사로 말하면 됩니다.

Q: 어느 것을 먹으러 갑니까? = Q: <ruby>どれを たべに いきますか?<rt>도 레 오 타 베 니 이 키 마 스 카</rt></ruby>

A: 이것/그것/저것을 먹으러 갑니다. = A: <ruby>これ/それ/あれを たべに いきます。<rt>코 레 소 레 아 레 오 타 베 니 이 키 마 스</rt></ruby>

문장 구조를 반복해서 연습해 보자.

❶ Q: 무엇을 먹으러 갑니까?
　　 나 니 오 타 베 니 이 키 마 스 카
　　Q: なにを たべに いきますか?

- -

❷ A: 초밥을 먹으러 갑니다.
　　 스 시 오 타 베 니 이 키 마 스
　　A: すしを たべに いきます。

- -

❸ Q: 언제 먹으러 갑니까?
　　 이 츠 타 베 니 이 키 마 스 카
　　Q: いつ たべに いきますか?

- -

❹ A: 오늘 먹으러 갑니다.
　　 쿄 - 타 베 니 이 키 마 스
　　A: きょう たべに いきます。

- -

❺ Q: 누구와 먹으러 갑니까?
　　 다 레 토 타 베 니 이 키 마 스 카
　　Q: だれと たべに いきますか?

- -

❻ A: 친구와 먹으러 갑니다.
　　 토 모 다 치 토 타 베 니 이 키 마 스
　　A: ともだちと たべに いきます。

- -

❼ Q: 어디에 먹으러 갑니까?
　　 도 코 니 타 베 니 이 키 마 스 카
　　Q: どこに たべに いきますか?

- -

❽ A: 도쿄에 먹으러 갑니다.
　　 토 - 쿄 - 니 타 베 니 이 키 마 스
　　A: とうきょうに たべに いきます。

- -

❾ Q: 어느 것을 먹으러 갑니까?
　　 도 레 오 타 베 니 이 키 마 스 카
　　Q: どれを たべに いきますか?

- -

❿ A: 이것을 먹으러 갑니다.
　　 코 레 오 타 베 니 이 키 마 스
　　A: これを たべに いきます。

- -

문장 구조를 1초 만에 해석해 보자.

나 니 오 타 베 니 이 키 마 스 카
❶ Q: なにを たべに いきますか?

스 시 오 타 베 니 이 키 마 스
❷ A: すしを たべに いきます。

이 츠 타 베 니 이 키 마 스 카
❸ Q: いつ たべに いきますか?

쿄 ― 타 베 니 이 키 마 스
❹ A: きょう たべに いきます。

다 레 토 타 베 니 이 키 마 스 카
❺ Q: だれと たべに いきますか?

토 모 다 치 토 타 베 니 이 키 마 스
❻ A: ともだちと たべに いきます。

도 코 니 타 베 니 이 키 마 스 카
❼ Q: どこに たべに いきますか?

토 ― 쿄 ― 니 타 베 니 이 키 마 스
❽ A: とうきょうに たべに いきます。

도 레 오 타 베 니 이 키 마 스 카
❾ Q: どれを たべに いきますか?

코 레 오 타 베 니 이 키 마 스
❿ A: これを たべに いきます。

문장 구조를 1초 만에 일본어로 말해 보자.

❶ Q: 무엇을 먹으러 갑니까?

❷ A: 초밥을 먹으러 갑니다.

❸ Q: 언제 먹으러 갑니까?

❹ A: 오늘 먹으러 갑니다.

❺ Q: 누구와 먹으러 갑니까?

❻ A: 친구와 먹으러 갑니다.

❼ Q: 어디에 먹으러 갑니까?

❽ A: 도쿄에 먹으러 갑니다.

❾ Q: 어느 것을 먹으러 갑니까?

❿ A: 이것을 먹으러 갑니다.

응용표현

어째서 + 동사하러 갑니까?

= どうして + 동사に いきますか?
　　도-시테　　　　　　니 이키마스카

* '어째서'란 뜻의 의문사 'どうして'를 이용하여 동사하러 가는 이유에 대해 물을 수 있습니다.
　　　　　　　　　　　　　　도-시테

문장을 확장해 보자.

❶ 어째서 초밥을 먹으러 갑니까?　　도-시테 스시오 타베니 이키마스카
　　　　　　　　　　　　　　　　どうして すしを たべに いきますか?

❷ 어째서 오늘 먹으러 갑니까?　　도-시테 쿄- 타베니 이키마스카
　　　　　　　　　　　　　　どうして きょう たべに いきますか?

❸ 어째서 친구와 먹으러 갑니까?　　도-시테 토모다치토 타베니 이키마스카
　　　　　　　　　　　　　　　どうして ともだちと たべに いきますか?

❹ 어째서 도쿄에 먹으러 갑니까?　　도-시테 토-쿄-니 타베니 이키마스카
　　　　　　　　　　　　　　　どうして とうきょうに たべに いきますか?

❺ 어째서 이것을 먹으러 갑니까?　　도-시테 코레오 타베니 이키마스카
　　　　　　　　　　　　　　　どうして これを たべに いきますか?

❻ 어째서 오늘 마시러 갑니까?　　도-시테 쿄- 노미니 이키마스카
　　　　　　　　　　　　　　どうして きょう のみに いきますか?

❼ 어째서 친구와 마시러 갑니까?　　도-시테 토모다치토 노미니 이키마스카
　　　　　　　　　　　　　　　どうして ともだちと のみに いきますか?

❽ 어째서 그것을 마시러 갑니까?　　도-시테 소레오 노미니 이키마스카
　　　　　　　　　　　　　　　どうして それを のみに いきますか?

문장 구조를 1초 만에 해석해 보자.

❶ 도-시테 스시오 타베니 이키마스카
どうして すしを たべに いきますか?
....

❷ 도-시테 쿄- 타베니 이키마스카
どうして きょう たべに いきますか?
....

❸ 도-시테 토모다치토 타베니 이키마스카
どうして ともだちと たべに いきますか?
....

❹ 도-시테 토-쿄-니 타베니 이키마스카
どうして とうきょうに たべに いきますか?
....

❺ 도-시테 코레오 타베니 이키마스카
どうして これを たべに いきますか?
....

❻ 도-시테 쿄- 노미니 이키마스카
どうして きょう のみに いきますか?
....

❼ 도-시테 토모다치토 노미니 이키마스카
どうして ともだちと のみに いきますか?

....

❽ 도-시테 소레오 노미니 이키마스카
どうして それを のみに いきますか?
....

문장 구조를 1초 만에 일본어로 말해 보자.

❶ 어째서 초밥을 먹으러 갑니까?
....

❷ 어째서 오늘 먹으러 갑니까?
....

❸ 어째서 친구와 먹으러 갑니까?
....

❹ 어째서 도쿄에 먹으러 갑니까?

❺ 어째서 이것을 먹으러 갑니까?
....

❻ 어째서 오늘 마시러 갑니까?
....

❼ 어째서 친구와 마시러 갑니까?
....

❽ 어째서 그것을 마시러 갑니까?

택시를 타고 행선지를 말하고 있다. 🎧 MP3 28-02

택시기사 _{도코니 이키마스카}
どこに いきますか？

어디에 가십니까?

나 _{호테루 오네가이시마스}
○○ホテル おねがいします。

○○호텔 부탁합니다.

택시기사 _{신 쥬 쿠 노   호테루데스카}
しんじゅくの ○○ホテルですか？

신주쿠의 ○○호텔 말입니까？

나 _{하 이}
はい。

네.

플러스 단어

_{호테루}　　　　　_{신 쥬 쿠}
ホテル 호텔 ｜ **しんじゅく(新宿)** 신주쿠

오모시로이 니홍고

1) 꼬붕: 부하, 똘마니

일본어로 '부하'란 뜻의 _{코 붕}こぶん(子分)에서 유래된 말입니다.

2) 만땅: 가득

일본어로 _만万(만)과 _{탕 쿠}タンク(탱크)의 앞 글자가 합쳐져 유래된 말로, 가득 채운다는 뜻입니다.

PART 29

오 사 케 오
おさけを
노 미 스 기 마 시 타
のみすぎました

🌿 술을 지나치게 마셨습니다

 🍶 **학습 목표**

동사에 '스 기 마 스
すぎます'를 사용하여 '지나치게, 너무 ~합니다'라는 표현을 말할 수 있다.

 🍶 **학습 포인트**

☑ 지나치게 동사 + 합니다 = 동사 + 스 기 마 스
すぎます

☑ 지나치게 동사 + 했습니다 = 동사 + 스 기 마 시 타
すぎました

🍶 **미리보기** 🎧 MP3 29-01

오 사 케   노 미 마 스   카 이 마 스
おさけ(お酒)술 | **のみます(飲みます)**마십니다 | **かいます(買います)**삽니다

타 베 마 스   미 마 스   오 니 기 리
たべます(食べます)먹습니다 | **みます(見ます)**봅니다 | **おにぎり**주먹밥

와 잉   스 마 호   도 - 시 테
ワイン와인 | **スマホ**스마트폰 | **どうして**어째서

01 지나친 동작의 현재 긍정

지나치게 동사 + 합니다 = 동사 + ^{스기마스}すぎます

✈ 동사 '^{마스}ます' 대신 '^{스기마스}すぎます'를 연결하면 '지나치게 동사합니다'가 됩니다. 말 끝에 '^카か'를 붙이면 '지나치게 동사합니까?'라는 의문문이 됩니다.

지나치게 삽니다. = ^{카 이 스 기 마 스}かいすぎます。

지나치게 먹습니다. = ^{타 베 스 기 마 스}たべすぎます。

지나치게 마십니다. = ^{노 미 스 기 마 스}のみすぎます。

지나치게 봅니까? = ^{미 스 기 마 스 카}みすぎますか?

지나치게 동사 + 했습니다 = 동사 + _{스 기 마 시 타}すぎました

동사 '_{마 스}ます' 대신 '_{스 기 마 시 타}すぎました'를 연결하면 '지나치게 동사했습니다'가 됩니다. 말 끝에 '_카か'를 붙이면 '지나치게 동사했습니까?'라는 의문문이 됩니다.

지나치게 샀습니다. = _{카 이 스 기 마 시 타}**かい**すぎました。

....

지나치게 먹었습니다. = _{타 베 스 기 마 시 타}**たべ**すぎました。

....

지나치게 마셨습니다. = _{노 미 스 기 마 시 타}**のみ**すぎました。

....

지나치게 봤습니까? = _{미 스 기 마 시 타 카}**み**すぎましたか？

....

문장 구조를 반복해서 연습해 보자.

❶ 술을 지나치게 삽니다.

오 사 케 오 카 이 스 기 마 스
おさけを かいすぎます。

❷ 주먹밥을 지나치게 먹습니다.

오 니 기 리 오 타 베 스 기 마 스
おにぎりを たべすぎます。

❸ 와인을 지나치게 마십니다.

와 잉 오 노 미 스 기 마 스
ワインを のみすぎます。

❹ 스마트폰을 지나치게 봅니다.

스 마 호 오 미 스 기 마 스
スマホを みすぎます。

❺ 와인을 지나치게 삽니까?

와 잉 오 카 이 스 기 마 스 카
ワインを かいすぎますか?

❻ 술을 지나치게 샀습니다.

오 사 케 오 카 이 스 기 마 시 타
おさけを かいすぎました。

❼ 주먹밥을 지나치게 먹었습니다.

오 니 기 리 오 타 베 스 기 마 시 타
おにぎりを たべすぎました。

❽ 와인을 지나치게 마셨습니다.

와 잉 오 노 미 스 기 마 시 타
ワインを のみすぎました。

❾ 스마트폰을 지나치게 봤습니다.

스 마 호 오 미 스 기 마 시 타
スマホを みすぎました。

❿ 술을 지나치게 마셨습니까?

오 사 케 오 노 미 스 기 마 시 타 카
おさけを のみすぎましたか?

문장 구조를 **1초** 만에 해석해 보자.

① <ruby>오사케오 카이스기마스</ruby>
おさけを かいすぎます。

② <ruby>오니기리오 타베스기마스</ruby>
おにぎりを たべすぎます。

③ <ruby>와 잉 오 노미스기마스</ruby>
ワインを のみすぎます。

④ <ruby>스마호오 미스기마스</ruby>
スマホを みすぎます。

⑤ <ruby>와 잉 오 카이스기마스카</ruby>
ワインを かいすぎますか?

⑥ <ruby>오사케오 카이스기마시타</ruby>
おさけを かいすぎました。

⑦ <ruby>오니기리오 타베스기마시타</ruby>
おにぎりを たべすぎました。

⑧ <ruby>와 잉 오 노미스기마시타</ruby>
ワインを のみすぎました。

⑨ <ruby>스마호오 미스기마시타</ruby>
スマホを みすぎました。

⑩ <ruby>오사케오 노미스기마시타 카</ruby>
おさけを のみすぎましたか?

문장 구조를 **1초** 만에 일본어로 말해 보자.

① 술을 지나치게 삽니다.

② 주먹밥을 지나치게 먹습니다.

③ 와인을 지나치게 마십니다.

④ 스마트폰을 지나치게 봅니다.

⑤ 와인을 지나치게 삽니까?

⑥ 술을 지나치게 샀습니다.

⑦ 주먹밥을 지나치게 먹었습니다.

⑧ 와인을 지나치게 마셨습니다.

⑨ 스마트폰을 지나치게 봤습니다.

⑩ 술을 지나치게 마셨습니까?

응용표현

어째서 + 지나치게 동사합니까?/했습니까?
= ^{도-시테}どうして + 동사^{스기마스카}すぎますか?/^{스기마시타카}すぎましたか?

* '어째서'란 뜻의 의문사 '^{도-시테}どうして'를 이용하여 지나치게 동사한 이유에 대해 물을 수 있습니다.

문장을 확장해 보자.

❶ 어째서 술을 지나치게 삽니까?
^{도-시테 오사케오 카이스기마스카}
どうして おさけを かいすぎますか?

❷ 어째서 주먹밥을 지나치게 먹습니까?
^{도-시테 오니기리오 타베스기마스카}
どうして おにぎりを たべすぎますか?

❸ 어째서 와인을 지나치게 마십니까?
^{도-시테 와 잉 오 노미스기마스카}
どうして ワインを のみすぎますか?

❹ 어째서 스마트폰을 지나치게 봅니까?
^{도-시테 스마호오 미스기마스카}
どうして スマホを みすぎますか?

❺ 어째서 술을 지나치게 샀습니까?
^{도-시테 오사케오 카이스기마시타카}
どうして おさけを かいすぎましたか?

❻ 어째서 주먹밥을 지나치게 먹었습니까?
^{도-시테 오니기리오 타베스기마시타카}
どうして おにぎりを たべすぎましたか?

❼ 어째서 와인을 지나치게 마셨습니까?
^{도-시테 와 잉 오 노미스기마시타카}
どうして ワインを のみすぎましたか?

❽ 어째서 스마트폰을 지나치게 봤습니까?
^{도-시테 스마호오 미스기마시타카}
どうして スマホを みすぎましたか?

문장 구조를 1초 만에 해석해 보자.

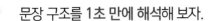

❶ どうして おさけを かいすぎますか?
도 - 시 테 오 사 케 오 카 이 스 기 마 스 카

❺ どうして おさけを かいすぎましたか?
도 - 시 테 오 사 케 오 카 이 스 기 마 시 타 카

❷ どうして おにぎりを たべすぎますか?
도 - 시 테 오 니 기 리 오 타 베 스 기 마 스 카

❻ どうして おにぎりを たべすぎましたか?
도 - 시 테 오 니 기 리 오 타 베 스 기 마 시 타 카

❸ どうして ワインを のみすぎますか?
도 - 시 테 와 잉 오 노 미 스 기 마 스 카

❼ どうして ワインを のみすぎましたか?
도 - 시 테 와 잉 오 노 미 스 기 마 시 타 카

❹ どうして スマホを みすぎますか?
도 - 시 테 스 마 호 오 미 스 기 마 스 카

❽ どうして スマホを みすぎましたか?
도 - 시 테 스 마 호 오 미 스 기 마 시 타 카

문장 구조를 1초 만에 일본어로 말해 보자.

❶ 어째서 술을 지나치게 삽니까?

❺ 어째서 술을 지나치게 샀습니까?

❷ 어째서 주먹밥을 지나치게 먹습니까?

❻ 어째서 주먹밥을 지나치게 먹었습니까?

❸ 어째서 와인을 지나치게 마십니까?

❼ 어째서 와인을 지나치게 마셨습니까?

❹ 어째서 스마트폰을 지나치게 봅니까?

❽ 어째서 스마트폰을 지나치게 봤습니까?

호텔직원에게 약을 요청하고 있다. 🎧 MP3 29-02

호텔직원 どうしましたか?
도-시마시타카

무슨 일이십니까?

나 たべすぎました。
타베스기마시타

너무 많이 먹었습니다.

くすりを おねがいします。
쿠스리오 오네가이시마스

약을 부탁합니다.

호텔직원 はい、どうぞ。
하이 도-조

네, 여기 있습니다.

플러스 단어

くすり(薬) 약 | おねがいします 부탁합니다
쿠스리 　　　　　오네가이시마스

오모시로이 니홍고

1) 스끼다시: 횟집에서 제공되는 밑반찬
일본어로 '전채 요리'란 뜻의 つきだし(突き出し)에서 유래된 말입니다.
　　　　　　　　　　　　　　　　츠키다시

2) 유도리: 융통성
일본어로 '여유'란 뜻의 ゆとり에서 유래된 말입니다.
　　　　　　　　　　유토리

PART 30

^{칸 탄 스 기 마 스}

かんたんすぎます

지나치게 간단합니다

🍵 **학습 목표**

형용사에 '^{스 기 마 스}**すぎます**'를 사용하여 '지나치게, 너무 ~합니다'라는 표현을 말할 수 있다.

💡 **학습 포인트**

☑ 지나치게 ^나**な**형용사/^이**い**형용사 + 합니다 = ^나**な**형용사/^이**い**형용사(^이**い**) + ^{스 기 마 스}**すぎます**

☑ 지나치게 ^나**な**형용사/^이**い**형용사 + 했습니다 = ^나**な**형용사/^이**い**형용사(^이**い**) + ^{스 기 마 시 타}**すぎました**

🍵 **미리보기** 🎧 MP3 30-01

^{칸 탄 데 스}
かんたんです(簡単です) 간단합니다 | ^{유 - 메 - 데 스}**ゆうめいです(有名です)** 유명합니다

^{사 무 이 데 스}
さむいです(寒いです) 춥습니다 | ^{아 츠 이 데 스}**あついです(暑いです)** 덥습니다 | ^{테 스 토}**テスト** 테스트 | ^{카 레}**かれ(彼)** 그

^{오 - 사 카}
おおさか(大阪) 오사카 | ^{하 와 이}**ハワイ** 하와이 | ^{삽 포 로}**さっぽろ(札幌)** 삿포로 | ^{치 카 이 데 스}**ちかいです(近いです)** 가깝습니다

^{토 - 이 데 스}
とおいです(遠いです) 멉니다

01 지나친 상태의 현재 긍정

지나치게 **な**형용사 + 합니다 = **な**형용사 + すぎます

지나치게 **い**형용사 + 습니다 = **い**형용사(**い**) + すぎます

 な형용사나 い형용사의 'い'를 떼고 'すぎます'를 연결하면 '지나치게 형용사합니다'가 됩니다.

지나치게 간단합니다. = **かんたん**すぎます。

지나치게 유명합니다. = **ゆうめい**すぎます。

지나치게 춥습니다. = **さむ**すぎます。

지나치게 덥습니다. = **あつ**すぎます。

지나치게 **な**형용사 + 했습니다 = **な**형용사 + すぎました

지나치게 **い**형용사 + 었습니다 = **い**형용사(**い**) + すぎました

な형용사나 い형용사의 'い'를 떼고 'すぎました'를 연결하면 '지나치게 형용사했습니다'가 됩니다.

지나치게 간단했습니다. = かんたんすぎました。

지나치게 유명했습니다. = ゆうめいすぎました。

지나치게 추웠습니다. = さむすぎました。

지나치게 더웠습니다. = あつすぎました。

문장 구조를 반복해서 연습해 보자.

❶ 테스트는 지나치게 간단합니다.
テストは かんたんすぎます。
_{테 스 토 와　칸　탄　스 기 마 스}

❷ 그는 지나치게 유명합니다.
かれは ゆうめいすぎます。
_{카 레 와　유 - 메 - 스 기 마 스}

❸ 오사카는 지나치게 춥습니다.
おおさかは さむすぎます。
_{오 - 사 카 와　사 무 스 기 마 스}

❹ 하와이는 지나치게 덥습니다.
ハワイは あつすぎます。
_{하 와 이 와　아 츠 스 기 마 스}

❺ 삿포로는 지나치게 가깝습니다.
さっぽろは ちかすぎます。
_{삽 포 로 와　치 카 스 기 마 스}

❻ 테스트는 지나치게 간단했습니다.
テストは かんたんすぎました。
_{테 스 토 와　칸　탄　스 기 마 시 타}

❼ 그는 지나치게 유명했습니다.
かれは ゆうめいすぎました。
_{카 레 와　유 - 메 - 스 기 마 시 타}

❽ 오사카는 지나치게 추웠습니다.
おおさかは さむすぎました。
_{오 - 사 카 와　사 무 스 기 마 시 타}

❾ 하와이는 지나치게 더웠습니다.
ハワイは あつすぎました。
_{하 와 이 와　아 츠 스 기 마 시 타}

❿ 삿포로는 지나치게 멀었습니다.
さっぽろは とおすぎました。
_{삽 포 로 와　토 - 스 기 마 시 타}

문장 구조를 1초 만에 해석해 보자.

① テストは かんたんすぎます。

② かれは ゆうめいすぎます。

③ おおさかは さむすぎます。

④ ハワイは あつすぎます。

⑤ さっぽろは ちかすぎます。

⑥ テストは かんたんすぎました。

⑦ かれは ゆうめいすぎました。

⑧ おおさかは さむすぎました。

⑨ ハワイは あつすぎました。

⑩ さっぽろは とおすぎました。

문장 구조를 1초 만에 일본어로 말해 보자.

① 테스트는 지나치게 간단합니다.

② 그는 지나치게 유명합니다.

③ 오사카는 지나치게 춥습니다.

④ 하와이는 지나치게 덥습니다.

⑤ 삿포로는 지나치게 가깝습니다.

⑥ 테스트는 지나치게 간단했습니다.

⑦ 그는 지나치게 유명했습니다.

⑧ 오사카는 지나치게 추웠습니다.

⑨ 하와이는 지나치게 더웠습니다.

⑩ 삿포로는 지나치게 멀었습니다.

응용하기

응용표현

Q: 지나치게 형용사합니까? A: 네, 지나치게 형용사합니다. / 아니요, 지나치게 형용사하지 않습니다.
= Q: 형용사すぎますか? A: はい、형용사すぎます。/ いいえ、형용사すぎません。

* 말 끝에 'か'를 붙여 의문문으로 물어봤을 때 '네'란 뜻의 'はい'와 긍정형 'すぎます', '아니요'란 뜻의 'いいえ'와
  부정형 'すぎません'을 사용해서 대답할 수 있습니다.

문장을 확장해 보자.

❶ Q: 테스트는 지나치게 간단합니까?　Q: テストは かんたんすぎますか?

❷ A: 네, 지나치게 간단합니다.　A: はい、かんたんすぎます。

❸ Q: 오사카는 지나치게 덥습니까?　Q: おおさかは あつすぎますか?

❹ A: 네, 지나치게 덥습니다.　A: はい、あつすぎます。

❺ Q: 하와이는 지나치게 춥습니까?　Q: ハワイは さむすぎますか?

❻ A: 아니요, 지나치게 춥지 않습니다.　A: いいえ、さむすぎません。

❼ Q: 삿포로는 지나치게 가깝습니까?　Q: さっぽろは ちかすぎますか?

❽ A: 아니요, 지나치게 가깝지 않습니다.　A: いいえ、ちかすぎません。

문장 구조를 1초 만에 해석해 보자.

❶ Q: テストは かんたんすぎますか?
   (테스토와 칸 탄 스기마스카)

❺ Q: ハワイは さむすぎますか?
   (하와이와 사무스기마스카)

❷ A: はい、かんたんすぎます。
   (하이 칸 탄 스기마스)

❻ A: いいえ、さむすぎません。
   (이-에 사무스기마 셍)

❸ Q: おおさかは あつすぎますか?
   (오-사카와 아츠스기마스카)

❼ Q: さっぽろは ちかすぎますか?
   (삽 포 로와 치카스기마스카)

❹ A: はい、あつすぎます。
   (하이 아츠스기마스)

❽ A: いいえ、ちかすぎません。
   (이-에 치카스기마 셍)

문장 구조를 1초 만에 일본어로 말해 보자.

❶ Q: 테스트는 지나치게 간단합니까?

❺ Q: 하와이는 지나치게 춥습니까?

❷ A: 네, 지나치게 간단합니다.

❻ A: 아니요, 지나치게 춥지 않습니다.

❸ Q: 오사카는 지나치게 덥습니까?

❼ Q: 삿포로는 지나치게 가깝습니까?

❹ A: 네, 지나치게 덥습니다.

❽ A: 아니요, 지나치게 가깝지 않습니다.

호텔에서 불만사항을 해결하고 있다. 🎧 MP3 30-02

나 もしもし。
모시 모시

여보세요.

호텔직원 はい。 네.
하 이

나 あの、すみません。
아 노 스미마 셍

へやが さむすぎます。
헤 야 가 사 무 스 기 마 스

저, 실례합니다. 방이 너무 춥습니다.

호텔직원 わかりました。すぐ いきます。
와 카 리 마 시 타 스 구 이 키 마 스

알겠습니다. 바로 가겠습니다.

플러스 단어

もしもし 여보세요 | **へや(部屋)** 방 | **すぐ** 바로, 곧
모시모시   헤야   스구

오모시로이 니홍고

일본의 디저트

일본의 디저트는 정말 유명해서 외국에서 일본으로 제과를 배우러 올 정도입니다. 케이크, 푸딩, 마카롱 등 헤아릴 수 없는 종류와 뛰어난 맛 때문에 일본에 디저트를 먹으러 여행을 다니는 사람도 있을 정도예요. 여러분도 일본에 가면 꼭 맛있는 디저트 투어를 해 보세요!

실력업그레이드6

✏️ PART 26에서 PART 30까지 배웠던 문형을 복습해 봅시다.

PART 26 そこは いきやすいです
_{소코와 이키야스이데스}

· 동사 + 하기 편합니다/하기 편했습니다 = 동사 + _{야스이데스 야스 칸 타데스}**やすいです/やすかったです**

· 동사 + 하기 편하지 않습니다/하기 편하지 않았습니다 = 동사 + _{야스쿠아리마 셍 야스쿠아리마 센 데시타}**やすくありません/やすくありませんでした**

PART 27 これは たべにくいです
_{코레와 타베니쿠이데스}

· 동사 + 하기 힘듭니다/하기 힘들었습니다 = 동사 + _{니쿠이데스 니쿠 칸 타데스}**にくいです/にくかったです**

· 동사 + 하기 힘들지 않습니다/하기 힘들지 않았습니다 = 동사 + _{니쿠쿠 아리마 셍 니쿠쿠아리마 센 데시타}**にくくありません/にくくありませんでした**

PART 28 なにを たべに いきますか?
_{나니오 타베니 이키마스카}

· 무엇을/언제 + 동사 + 하러 갑니까? = _{나니오 이츠}**なにを/いつ** + 동사 + _{니 이키마스 카}**に いきますか?**

· 누구와/어디에 + 동사 + 하러 갑니까? = _{다레토 도코니}**だれと/どこに** + 동사 + _{니 이키마스 카}**に いきますか?**

· 어느 것을 + 동사 + 하러 갑니까? = _{도레오}**どれを** + 동사 + _{니 이키마스 카}**に いきますか?**

PART 29 おさけを のみすぎました
_{오사케오 노미스기마시타}

· 지나치게 동사 + 합니다 = 동사 + _{스기마스}**すぎます**

· 지나치게 동사 + 했습니다 = 동사 + _{스기마시타}**すぎました**

PART 30 かんたんすぎます
_{칸 탄 스기마스}

· 지나치게 **な**형용사/**い**형용사 + 합니다 = **な**형용사/**い**형용사(**い**) + _{스기마스}**すぎます**

· 지나치게 **な**형용사/**い**형용사 + 했습니다 = **な**형용사/**い**형용사(**い**) + _{스기마시타}**すぎました**

앞에서 배웠던 문형에 추가 단어들을 적용해 연습해 봅시다.

읽는 법	한자	품사	뜻
케시마스 けします	消します	동사	지웁니다
카키마스 かきます	書きます	동사	씁니다
하리마스 はります	貼ります	동사	붙입니다
오도리마스 おどります	踊ります	동사	춤춥니다
니기리마스 にぎります	握ります	동사	쥡니다
우고키마스 うごきます	動きます	동사	움직입니다
키마스 きます	着ます	동사	입습니다
노보리마스 のぼります	登ります	동사	오릅니다
아라이마스 あらいます	洗います	동사	씻습니다
스고시마스 すごします	過ごします	동사	지냅니다
아루키마스 あるきます	歩きます	동사	걷습니다
모치마스 もちます	持ちます	동사	듭니다
누기마스 ぬぎます	脱ぎます	동사	벗습니다
소다테마스 そだてます	育てます	동사	기릅니다, 키웁니다
미츠케마스 みつけます	見つけます	동사	찾아냅니다
카미마스 かみます	噛みます	동사	씹습니다
아케마스 あけます	開けます	동사	엽니다

읽는 법	한자	품사	뜻
<ruby>코 타 에 마 스</ruby> こたえます	答えます	동사	대답합니다
<ruby>미 마 스</ruby> みます	見ます	동사	봅니다
<ruby>노 리 마 스</ruby> のります	乗ります	동사	탑니다
<ruby>오 보 에 마 스</ruby> おぼえます	覚えます	동사	외웁니다
<ruby>아 츠 카 이 마 스</ruby> あつかいます	扱います	동사	다룹니다
<ruby>오 후 로 니 하 이 리 마 스</ruby> おふろに はいります	お風呂に 入ります	동사	목욕합니다
<ruby>아 이 마 스</ruby> あいます	会います	동사	만납니다
<ruby>카 요 이 마 스</ruby> かよいます	通います	동사	다닙니다
<ruby>우 타 이 마 스</ruby> うたいます	歌います	동사	노래합니다
<ruby>노 미 마 스</ruby> のみます	飲みます	동사	마십니다
<ruby>타 베 마 스</ruby> たべます	食べます	동사	먹습니다
<ruby>카 이 마 스</ruby> かいます	買います	동사	삽니다
<ruby>메 다 치 마 스</ruby> めだちます	目立ちます	동사	눈에 띕니다
<ruby>캉 가 에 마 스</ruby> かんがえます	考えます	동사	생각합니다
<ruby>츠 카 이 마 스</ruby> つかいます	使います	동사	사용합니다
<ruby>아 소 비 마 스</ruby> あそびます	遊びます	동사	놉니다
<ruby>카 와 키 마 스</ruby> かわきます	乾きます	동사	마릅니다

읽는 법	한자	품사	뜻
츠쿠리마스 つくります	作ります	동사	만듭니다
야키마스 やきます	焼きます	동사	굽습니다
신세츠데스 しんせつです	親切です	な형용사	친절합니다
빙칸데스 びんかんです	敏感です	な형용사	민감합니다
헤-본데스 へいぼんです	平凡です	な형용사	평범합니다
헤타데스 へたです	下手です	な형용사	못합니다, 서투릅니다
스나오데스 すなおです	素直です	な형용사	솔직합니다
후쿠자츠데스 ふくざつです	複雑です	な형용사	복잡합니다
호소이데스 ほそいです	細いです	い형용사	가늡니다
후토이데스 ふといです	太いです	い형용사	굵습니다
아츠이데스 あついです	厚いです	い형용사	두껍습니다
아츠이데스 あついです	熱いです	い형용사	뜨겁습니다
오-이데스 おおいです	多いです	い형용사	많습니다
오모이데스 おもいです	重いです	い형용사	무겁습니다
하야이데스 はやいです	早いです	い형용사	빠릅니다
츠메타이데스 つめたいです	冷たいです	い형용사	차갑습니다

부록

숫자 세기
가족 호칭
지시대명사
인칭대명사

숫자 세기

1~20 숫자 세기

* 4, 7, 9는 읽는 방법이 한 개 이상인 숫자입니다. 주의해서 알아둡시다.

1	いち	11	じゅういち
2	に	12	じゅうに
3	さん	13	じゅうさん
4	よん・し	14	じゅうよん・じゅうし
5	ご	15	じゅうご
6	ろく	16	じゅうろく
7	なな・しち	17	じゅうなな・じゅうしち
8	はち	18	じゅうはち
9	きゅう・く	19	じゅうきゅう・じゅうく
10	じゅう	20	にじゅう

10~100, 100~1,000 숫자 세기

10	じゅう	100	ひゃく
20	にじゅう	200	にひゃく
30	さんじゅう	300	さんびゃく
40	よんじゅう	400	よんひゃく
50	ごじゅう	500	ごひゃく
60	ろくじゅう	600	ろっぴゃく
70	ななじゅう	700	ななひゃく
80	はちじゅう	800	はっぴゃく
90	きゅうじゅう	900	きゅうひゃく
100	ひゃく	1,000	せん

1,000~10,000, 10,000~90,000, 100,000,000 숫자 세기

* '10,000'과 '100,000,000'을 읽을 때는 꼭 앞에 'いち'를 넣어 읽어줍니다.

1,000	せん	10,000	いちまん
2,000	にせん	20,000	にまん
3,000	さんぜん	30,000	さんまん
4,000	よんせん	40,000	よんまん
5,000	ごせん	50,000	ごまん
6,000	ろくせん	60,000	ろくまん
7,000	ななせん	70,000	ななまん
8,000	はっせん	80,000	はちまん
9,000	きゅうせん	90,000	きゅうまん
10,000	いちまん	100,000,000	いちおく

고유어 숫자 세기

* 고유어로는 '하나'부터 '열'까지만 쓰고 그 이상은 한자어 숫자로 씁니다.

하나· 한 개	ひとつ(一つ)	여섯· 여섯 개	むっつ(六つ)
둘· 두 개	ふたつ(二つ)	일곱· 일곱 개	ななつ(七つ)
셋· 세 개	みっつ(三つ)	여덟· 여덟 개	やっつ(八つ)
넷· 네 개	よっつ(四つ)	아홉· 아홉 개	ここのつ(九つ)
다섯· 다섯 개	いつつ(五つ)	열· 열 개	とお(十)

가족 호칭

* 일본에서는 자기 가족을 부르는 말과 남의 가족을 부르는 말이 다릅니다. 예의 바른 일본어를 구사하려면 꼭 구분해서 사용해야 합니다.

자기 가족	호칭	남의 가족
오 야 おや(親) 료 - 싱 ・りょうしん(両親)	부모	고 료 - 싱 ごりょうしん (ご両親)
치 치 ちち (父)	아버지	오 토 - 상 おとうさん (お父さん)
하 하 はは (母)	어머니	오 카 - 상 おかあさん (お母さん)
아 니 あに (兄)	형, 오빠	오 니 - 상 おにいさん (お兄さん)
아 네 あね (姉)	누나, 언니	오 네 - 상 おねえさん (お姉さん)
오 토 - 토 おとうと (弟)	남동생	오 토 - 토 상 おとうとさん (弟さん)
이 모 - 토 いもうと (妹)	여동생	이 모 - 토 상 いもうとさん (妹さん)
슈 징 しゅじん(主人) 옷 토 ・おっと(夫)	남편	고 슈 징 ごしゅじん (ご主人)
카 나 이 かない(家内) 츠 마 ・つま(妻)	아내	옥 상 おくさん (奥さん)
무 스 코 むすこ (息子)	아들	무 스 코 상 むすこさん (息子さん)
무 스 메 むすめ (娘)	딸	무 스 메 상 むすめさん (娘さん)
코 도 모 こども (子供)	자녀	오 코 상 おこさん (お子さん)

* 규칙이 다른 것도 있으니 유의합시다.

	근칭	중칭	원칭	부정칭
사물	코 레 **これ** 이것	소 레 **それ** 그것	아 레 **あれ** 저것	도 레 **どれ** 어느것
장소	코 코 **ここ** 여기	소 코 **そこ** 거기	아 소 코 **あそこ**＊ 저기	도 코 **どこ** 어디
방향	코 치 라 **こちら** 이쪽	소 치 라 **そちら** 그쪽	아 치 라 **あちら** 저쪽	도 치 라 **どちら** 어느 쪽
방법	코 - **こう** 이렇게	소 - **そう** 그렇게	아 - **ああ**＊ 저렇게	도 - **どう** 어떻게
명사 수식	코 노 **この** 이	소 노 **その** 그	아 노 **あの** 저	도 노 **どの** 어느

인칭대명사

* 아주 친한 사이에서 쓰는 말은 친하지 않거나 윗사람에게는 쓰지 않도록 주의해야 합니다.

	1인칭	2인칭	3인칭	부정칭
정중체	와 타 시 **わたし(私)** 저	아 나 타 **あなた** 당신	카 레 **かれ(彼)** 그	도 나 타 **どなた** 어느 분
회화체	보 쿠　오 레 **ぼく(僕)・おれ(俺)**＊ 나	오 마 에 **おまえ(お前)** 너	카 노 죠 **かのじょ(彼女)** 그녀, 여자친구	다 레 **だれ(誰)** 누구